Koch · Die Königsblauen

Wilhelm Herbert Koch

Die Königsblauen

Das Phänomen Schalke 04

Droste Verlag

Inhalt

Die »Steinzeit«	5
Der Kreisel beginnt zu tanzen	18
Kurt Otto kommt	40
Schalker im Nationaltrikot	45
Die Sündenböcke	50
Auf dem Weg zur deutschen Meisterschaft	55
Mit Lorbeer geschmückt	67
Kreisel gegen Scheiberl	87
Im Grauen Rock	91
Bartkartoffelspiele	97
Der Lorbeer welkt	100
Fußball und Geschäft	104
Wie in alten Zeiten	109
Alles für Schalke	114
Das große Zittern	123
Aussichten	133

Bibliografische Information der Deutschen Nationalbibliothek
Die Deutsche Nationalbibliothek verzeichnet diese Publikation
in der Deutschen Nationalbibliografie; detaillierte bibliografische
Daten sind im Internet über http://dnb.d-nb.de abrufbar.

© 2015 Droste Verlag GmbH, Düsseldorf
Reprint der Auflage von 1974
Einband: Katja Holst, Frankfurt a. M., unter Verwendung einer Abbildung
© Pressebild-Verlag Schirner/Deutsches Historisches Museum, Berlin
Druck und Bindung: Lösch MedienManufaktur, Waiblingen
ISBN 978-3-7700-1557-3

www.drosteverlag.de
www.facebook.com/DrosteVerlag

Die »Steinzeit«

Im Jahre 1904 besaß der Ort Schalke 30 000 Seelen und war gerade in die Stadt Gelsenkirchen eingemeindet worden. Ein Glas Bier kostete 10 Pfennig und ein Schnaps fünf Pfennig. Der Russisch-Japanische Krieg brach aus und die russische Flotte dampfte aus der Ostsee um die halbe Erde, um bei Tsushima versenkt zu werden. In Prag starb der Komponist Anton Dvořák. In Paris beschlossen Franzosen und Engländer die Entente cordiale, und in der deutschen Kolonie Südwest-Afrika wurden die Hereros wild. Lauter schlimme Nachrichten. Außerdem gründete eine Handvoll Halbwüchsiger, denen am Haus Goor in Schalke ein Acker als Spielplatz zur Verfügung stand und die über den Schatz eines zehnmal geflickten, aber echten Lederballes verfügten, einen Fußballclub und nannten ihn »Fußballverein Westfalia«.

Ein Jahr später, am 16. Oktober 1905, wurde dem Bergmann Karl Kuzorra, der 1890 aus dem Kreis Osterode in Ostpreußen nach Schalke zugezogen war, in der Blumendelle das vierte Kind geboren, ein Junge, nicht sonderlich kräftig, aber gesund. Die Eltern ließen ihn auf den Namen Ernst taufen. Drei Jahre später, am 2. September 1907, wurde dem Bergmann August Szepan, ebenfalls um 1890 aus dem Kreis Osterode nach Schalke zugezogen, in der Grenzstraße das sechste Kind geboren, ebenfalls ein Junge, ebenfalls nicht sehr kräftig, aber gesund. Die Eltern gaben ihm den Namen Fritz.

Daß durch diese drei, durch besagten Fußballclub Westfalia und die beiden Bergmannskinder rund zwanzig Jahre später der Name ihres Heimatortes Schalke berühmt, geliebt, gefürchtet, teilweise aber auch suspekt wurde, das konnte im Jahre 1904 noch kein Mensch ahnen.

Schalke liegt, um es genau zu sagen, auf 51° 31' nördlicher Breite und 4° 45' östlicher Länge und wurde schon im 12. Jahrhundert als Scedelika erwähnt. Im alten Landkreis Gelsenkirchen war es die am tiefsten gelegene Ortschaft, die noch um 1904 unter den Überschwemmungen der Emscher litt. Im Jahre 1818 gab es in Schalke ganze 198 Einwohner, um 1904 rund 30 000. Von der zarten landschaftlichen Schönheit der Emscherniederung war um die Jahrhundertwende nicht mehr viel übrig geblieben, denn Schalke war ein Ort, dem damals schon die Schwerindustrie ihren Stempel aufdrückte. In erster Linie hatte dafür der Essener Industrielle Grillo gesorgt, wohl einer der genialsten Gründerpersönlichkeiten des Ruhrgebietes, der

5

später in geistiger Umnachtung starb. Neben der Zeche mit dem umständlichen Namen »Consolidation«, im Volksmund kurz »Konsol« genannt, gründete Grillo in Schalke Eisen- und Hüttenwerke und alles was damit zusammenhing. Andere Industriewerke kamen hinzu, chemische Werke, eine Glashütte, eisenverarbeitende Werke — die Herdfabrik »Küppersbusch« zum Beispiel. Auf verhältnismäßig engem Raum rauchten die Schlote, glühten neben Fördertürmen die Hochöfen, für landschaftliche Schönheit war kein Platz mehr.

Dazwischen wohnten die Menschen. Was man brauchte, das waren Arbeiter. Die Zuwanderer in Schalke waren vor allem Masuren, die sogar dem Gelsenkirchener Vorort fast das Gesicht gaben. Um 1910 bestand die Belegschaft der Zeche »Consolidation«, um nur ein Beispiel herauszugreifen, zu 53 Prozent aus Masuren. Sie waren die Nachkommen der mit den Ordensrittern nach Osten gezogenen Knechte und Kleinbauern, deren Namen nach dem Untergang des Ritterordens polonisiert worden waren. Gelsenkirchen handelte sich denn auch den Spitznamen »Klein-Ortelsburg« ein. Jedenfalls akklimatisierte sich dieser Menschenschlag sehr schnell zwischen den eingesessenen Westfalen; die Zuwanderer waren genauso deftig und derb wie diese, ein wenig verschlossen, tüchtig und zäh. Immerhin, obwohl die Arbeit hart, schmutzig und auch nicht ungefährlich war, die Zuwanderer hatten, was sie aus Ostpreußen nicht kannten, eine geregelte Arbeitszeit und genau bemessenen Lohn.

So dringend man Arbeiter brauchte, man tat wenig für sie. Die Wohnungen waren primitiv, ein paar Wände hochgezogen, ein Dach überm Kopf, die allernotwendigste Installation, das war alles.

Der Wasserkran mit einem Emaillebecken lag auf dem Flur, Zufluß und Ausguß zugleich, er mußte mindestens zwei, wenn nicht sogar mehr Familien versorgen. Die Toiletten, Plumpsklos natürlich, standen im Hof, es waren die Zeiten des Nachttopfes. Badezimmer gab es nicht, dazu mußte am Samstag das »Pullefaß« dienen. Von Wohnlichkeit keine Rede, die Kinder zu mehreren im Schlafzimmer. Von Wohnen im Grünen oder Bauordnung wurde nicht gesprochen, die zwei-, drei- oder vierstöckigen Häuser wurden dorthin gestellt, wo die Schwerindustrie gerade noch Platz ließ. Möglichst schnell mit dem Haus fertig werden, damit die Miete einkam, und so entstanden dann die fürchterlichen Vorstädte des Ruhrgebietes, von denen Schalke ein ganz besonders häßliches Beispiel ist. Zwischen Schloten und Schächten, zwischen Ruß und Rauch, zwischen Arbeitslärm und Fabriksirenen wohnte der Mensch. Die zugewanderten Arbeiter, in erster Linie Bergleute, mußten versuchen, sich und ihre Familien satt zu kriegen. Auf dem Hof waren auch die Stallungen, aus Brettern zusammengenagelt, für die Hühner, die Kaninchen und meistens auch für das Schwein und die Ziege, die Bergmannskuh oder

Bahndammgemse, die tagsüber irgendwo auf einem Stück Unland angepflockt wurde. Hinter dem Hof lag durchweg noch ein Stück Gartenland für Kartoffeln und Gemüse. Dünger war kostbar, und regelmäßig zogen die Jungen aus, um Pferdeäpfel von den Straßen zu sammeln, denn Pferde gab es damals noch genug. Es war schon ein hartes Leben, das die Bevölkerung zu führen hatte, wenn sie überhaupt bestehen wollte.

Trotzdem, die sich aufstockende Bevölkerung war lebenstüchtig, besonders die Frauen. Sie mußten den Mann versorgen und die sich ständig vermehrende Kinderzahl. Der Bergmann Karl Kuzorra hatte sieben und der Bergmann August Szepan ebenfalls sieben Kinder. Jeder Groschen wurde zehnmal umgedreht, und man mußte verstehen, sich zu helfen. Fritz Szepan erzählt heute noch voller Hochachtung von seinem Vater: »Mein Vater konnte alles. Er konnte Schuhe besohlen, nähen — was hat er uns für wundervolle Sportmützen genäht —, Schweine schlachten. Alles!«

Die Mütter sorgten für Ordnung. Sobald die Kinder halbwegs herangewachsen waren, mußten sie an die Arbeit, die Mädchen mußten putzen, Kartoffeln schälen, bei der Wäsche helfen, die jüngeren Geschwister verwahren, die Jungen Kohlen holen, Holz hacken, die Öfen versorgen — und dennoch, Jugend blieb Jugend. Man kroch in Höfen und Häusern herum. Wenn es draußen regnete, widerhallte das Treppenhaus vom Lärm, und Geschrei und Gezank gab es genug. Fußball? Wer denkt denn an einen solchen völlig überflüssigen Unsinn? Ernst Kuzorra heute noch: »Ich habe wegen der Fußballspielerei mehr Schläge gekriegt als zu essen.«

Indessen, am Haus Door wurde Fußball gespielt. Eigentlich vollzog sich hier das erste Schalker Wunder, denn es war eine Schar von halbwüchsigen 14- bis 16jährigen Jungen, die auf der Hauergasse zwischen Herzogstraße und Gewerkenstraße eine lose Gemeinschaft bildete, um Fußball zu spielen. Solche Haufen gab es eigentlich an jeder Straßenecke, aber kein Mensch weiß heute, wieso und warum diese Gemeinschaft auf der Hauergasse plötzlich auf den Gedanken kam, einen Verein zu gründen. Sie waren durchweg Zaungäste des in der Nähe liegenden Vereins »Spiel und Sport 96« und hatten die Regeln des Fußballs sich selbst nach dem, was man überall hörte, beigebracht.

Irgendwelche Protokolle aus dieser »Steinzeit« von Schalke 04 existieren natürlich nicht, historische Wahrheiten, soweit überhaupt wichtig, sind mehr durch persönliche Erinnerungen festgehalten und überliefert worden. Seele des Unternehmens war Willy Gies, ein herausragender Bursche. Er hielt den Haufen zusammen und schien sogar klare Vorstellungen über den Weg zu haben, den man gehen mußte. Nach mündlichen Überlieferungen gehörten noch folgende Jungen zu den Gründern: Josef Ferse, Viktor Kroguhl, Johann Kessel, Heinrich Kullmann, Adolf Oetzelmann, Josef

Seimetz und Willy van den Berg. Die schulpflichtigen Mitglieder hatten monatlich fünf, die schulentlassenen zehn Pfennig Beitrag zu bezahlen; Kassierer war Heinrich Kullmann, der so fest auf dem Vereinsvermögen saß, daß er den Veteranen von Lederball lieber selbst flickte als ihn von einem Schuster für ein paar Groschen nähen zu lassen — so jedenfalls berichtet die Sage.

Man hatte also einen Verein mit Vorsitzendem, Kassierer und Monatsbeiträgen. Es ist schon immer das Ideal eines jeden Deutschen, Mitglied eines Vereins zu sein, und so fühlte sich natürlich die Rotte aus der Hauergasse besonders stolz. Fußball wurde damals schon überall gespielt, es war die Zeit, in der man die Französelei aufgab und sich dem englischen Lebensstil zuwandte. England war die Nation, die es zu bewundern galt. Die Engländer genossen die Früchte ihres im Mittelalter geschaffenen Weltreichs in der Ruhe und dem Reichtum ihrer Viktorianischen Epoche, und in Deutschland vollzog sich die Entwicklung vom Agrar- zum Industriestaat, sonst konnte das gerade geschaffene Deutsche Reich einfach nicht leben. Und diese Entwicklung vollzog sich so stürmisch, daß bereits um die Jahrhundertwende das englische Vorbild nicht nur erreicht, sondern überholt wurde. Im Jahre 1903 war die deutsche Roheisenerzeugung erheblich höher als die englische.

Während die englische Politik die deutsche Konkurrenz auf dem Weltmarkt mit allen Mitteln zu bekämpfen begann, versuchte man in Deutschland, sich der Freundschaft der Engländer zu vergewissern — was die Engländer mit Recht für scheinheilig hielten. Die deutsche Gesellschaft fing an, den englischen Stil als letzten Schrei hinzustellen. Snobs hielten sich englische Diener, Vorbild für die deutschen Damen war nicht mehr die Madame, sondern die Lady, Snobs trugen Knickerbocker und karierte flache Mützen, und in den Großstädten nannten sich die vornehmen Schneider »Sporting-Taylor« und »Breeches Maker«. Dazu entdeckte man den englischen Sport, ohne ihn nach seiner Wesensart voll zu begreifen. Es wurde Tennis gespielt, Hockey und vor allem Fußball. Dieser breitete sich um die Jahrhundertwende wie eine Epidemie aus. Es war ein Spiel, welches nach seinen Regeln gut zu übersehen und vor allem billig zu betreiben war. Für 22 Mann genügten ein Ball und ein Paar Latten, eine alte, halbwegs ebene Wiese fand sich überall. In den deutschen Großstädten, Hamburg, Berlin, Frankfurt, München, Nürnberg, Karlsruhe und am Rhein bildeten sich sofort Hochburgen, und schließlich gab es keine Stadt, in der nicht ein paar höhere Schüler, Angestellte und ähnliche sogenannte moderne junge Leute Fußball spielten.

Man muß sich, um bei dem Beispiel Schalke zu bleiben, an die Situation erinnern, in der sich die Jugend des Ruhrgebietes, vor allem in der Emscherniederung, befand. Wälder, Flüsse, Berge hatte sie nicht, um sich auszutoben. Auslauf war die Straße, die Steinhalde und vielleicht der Klärteich.

Der Fußball bot sich der Jugend geradezu an. Das Spiel war spannend — vor allem, man konnte sich an einem Gegner messen. Was die Sache besonders interessant machte — es war durchweg verboten, Fußball zu spielen. Keine Sportart hatte so viele Gegner wie der Fußball.

Es fing bei den Müttern und Vätern an. Die kostbaren Schuhe! Und die Gefährlichkeit! Dann die Schule und der Pastor. Es war eben ein Spiel des Tobens und der Disziplinlosigkeit. Daß aber die Kameradschaft gepflegt wurde, begriff man nicht.

Es ist schon bedauerlich, daß der einzig wirklich große Verband, der die deutschen Leibesübungen vertrat, eben die Deutsche Turnerschaft, damals nicht verstand, die aufkommende Bewegung aufzufangen und unter ihre Fittiche zu nehmen. Es wäre viel Ärger erspart geblieben, aber die alten Turner waren von vornherein dagegen. Ein Spiel, bei dem es nicht auf Haltung, auf das Strammstehen in der Riege, auf Fahnenschwingen und Festmarsch ankam, das hatte der deutsche Mensch abzulehnen.

Um so erstaunlicher, daß sich die Rasselbande vom Haus Goor durch die Gründung eines »Vereins« eine feste Form gab, die ihm mehr Bestand sicherte als der Mehrzahl der Straßeneckenklubs, deren Mitglieder über kurz oder lang wieder auseinanderliefen oder sich richtigen Fußballvereinen anschlossen, deren es damals schon genug gab. Tore und Eckfahnen hatte man sich, wie die Sage berichtet, selbst gebastelt, sie wurden, wenn sie nicht gebraucht wurden, in den Ruinen des Hauses Goor aufbewahrt. Und dann sparte man Pfennige und Groschen, bis man sich im Frühjahr 1905 für elf Mark einen richtigen, funkelnagelneuen Fußball kaufen konnte — das Glück war perfekt.

So perfekt, daß man vom Haus Goor zu einem richtigen Sportplatz umzog, das städtische Gelände an der Taubenstraße, dem heutigen Jahnplatz. Aber hier fühlte man sich nicht wohl, weil auch andere Vereine dort spielten. Und was ein richtiger Verein ist, der muß auch ein Vereinslokal haben. Der Vereinswirt Heining von der Gewerkenstraße besorgte sogar einen neuen Platz, die Rubenssche Wiese zwischen Grenzstraße und Industriestraße.

Indessen — Westfalia Schalke nebst seinen nach wie vor jugendlichen Mitgliedern mußten einen guten Eindruck gemacht haben. Sonst kann man sich nicht vorstellen, daß sie überhaupt ein Vereinslokal fanden. Viel zu verzehren hatten die jungen Leute, durchweg Fabriklehrlinge oder Jungbergleute, nicht, aber sie schienen sich sehr gesittet zu benehmen, was man auch in jenen Jahren von Jugendlichen nicht immer behaupten konnte. Diese Westfalia Schalke wurde anscheinend eine Heimat für junge Leute. Man veranstaltete sogar Kegel- und Tanzabende, um die Kasse aufzubessern, ein Kegelturnier, das nichts einbrachte, und an der Taubenstraße ein Sportturnier, welches sage und schreibe die stolze Summe von 180 Mark abwarf — damals ein Vermögen.

Westfalia Schalke war nach drei Jahren auf 40 Mitglieder angewachsen, das jüngste zählte 16, das älteste zwanzig Jahre. Gegen wen der Verein spielte, darüber weiß heute leider niemand zu berichten. Es werden andere Straßenklubs und andere wilde Vereine gewesen sein. Bemerkenswert ist jedenfalls, daß, als der Kassierer Kullmann einen Kassenbestand von über 90 Mark meldete, beschlossen wurde, für die zweite Mannschaft Sportgarnituren anzuschaffen. Die erste Mannschaft muß also schon eine solche besessen haben!

Die Gelder kamen in erster Linie durch Tellersammlungen bei sogenannten Wettspielen zusammen. Fielen Fahrgelder an, so hatte jeder Spieler die Kosten selbst zu tragen. Aber man war es auf die Dauer leid, nur gegen wilde Vereine zu spielen. Um aber von der Stadt zunächst als Sportverein anerkannt zu werden, brauchte man einen Volljährigen als Vereinsvorsitzenden, und den hatte man vorerst nicht.

Bis sich dann der als besonders gutmütig bekannte Wiegemeister Heinrich Hilgert von der Zeche »Consolidation« bereitfand. Wie die Fama berichtet, soll er mit den Worten: »Jau, ick dau dat« der erste gesetzlich brauchbare Vorsitzende des nachmaligen siebenfachen deutschen Fußballmeisters gewesen sein.

Weiter kam man vorerst nicht. Westfalia Schalke hatte sich zwar dem Rheinisch-Westfälischen Spielverband angeschlossen, einer lockeren Vereinigung aus Essener und Gelsenkirchener Zufallsvereinen, fühlte sich hier aber nicht wohl und trat nach einem Jahr wieder aus. Man wollte in den Westdeutschen Spielverband, aber dieser allmächtige Verband lehnte ab. Er empfahl den jungen Spielern — von seinem Standpunkt durchaus mit Recht —, sich einem schon bestehenden Verein anzuschließen.

Und gerade dieses wollte man nicht am Schalker Markt. Man wollte weiter selbständig und unter sich sein. Dabei hatte sich der Verband fast aus ähnlichen Verhältnissen gebildet wie die Westfalia Schalke. Rund zwanzig Jahre vorher waren in allen größeren Städten nach englischem Vorbild Fußballgemeinschaften entstanden, die sich für sehr fortschrittlich, vornehm und für was Besseres hielten. Der erste deutsche Fußballverein wurde ausgerechnet von zwei Lehrern gebildet, die am berühmten Gymnasium »Martino-Catherineum« in Braunschweig für die Tertia und vier Untersekunda-Klassen den englischen Football zwar nach festen Regeln, aber mit seltsamen Vorschriften einführten. So mußte dafür Sorge getragen werden, daß kein Spieler gegen den Ostwind anzulaufen hatte. Die Spieler mußten nach dem Spiel einzeln nach Hause gehen, damit sie sich nicht unterhalten konnten — wegen der Gefahr eines Bronchialkatarrhs nach der Anstrengung.

Um die Jahrhundertwende war der Fußball in der Öffentlichkeit nicht mehr zu übersehen. Im Jahre 1898 wurde ein Städtespiel Paris — Berlin ausgetragen, wie überhaupt

Mit viel Einsatz und wenig Kunst wurde um die Jahrhundertwende in Deutschland Fußball gespielt. Eine Zeichnung aus einem Spiel im Jahre 1902 zwischen dem English FC Leipzig und dem English FC Dresden. Drei schwere Fouls zugleich würde ein Schiedsrichter von heute sofort pfeifen. Der Torwart trägt einen Wettermantel. Foto: Archiv DFB

die Reichshauptstadt neben Hamburg den stärksten Fußballbetrieb verzeichnete. Dort wurde auch der erste Verband gegründet, der »Bund Deutscher Fußballspieler«, der aber in den nächsten Jahren erhebliche Konkurrenz durch andere Gründungen erhielt. Es ging in erster Linie um einen vernünftigen Spielbetrieb und allgemein gültige Regeln.

Die Regeln waren zum Teil so komisch, daß man heute nur darüber lächeln kann. Vielerorts wurde der Freistoß so ausgeführt, daß der Spieler den Ball in die Hand nahm und den fallenden Ball wegschlug. Das Spielfeld sollte nicht größer als 180 Meter lang und 90 Meter breit sein. In erster Linie suchte man einen Modus, einen deutschen Fußballmeister zu finden. Auch hier gab es herrliche Blüten, so nannten sich vor der Jahrhundertwende die »Karlsruher Kickers« nach einigen Siegen über schweizerische und französische Vereine stolz »Meister des Kontinents« — ein Begriff, der eben England, das Mutterland des Fußballs, ausschloß. Denn an einen Vergleich mit den englischen Mannschaften traute man sich nicht heran. Es wurden zwar oft genug englische Mannschaften als Gegner verpflichtet, aber die Resultate waren katastrophal. So reiste bereits 1896 die Spielabteilung des Duisburger Turnvereins nach England. Dieser Mannschaft gehörte auch Gottfried Hinze, der spätere langjährige Vorsitzende des Deutschen Fußballbundes an. In vier Spielen kassierte die Mannschaft 46 Tore, ohne überhaupt einen Gegentreffer erreichen zu können.

Nach zahlreichen Streitigkeiten und Eifersüchteleien wurde dann im Jahre 1900 in Leipzig der Deutsche Fußballbund gegründet. Er stützte sich in erster Linie auf die Landesverbände, erklärte die von der damals schon existierenden FIFA (Federation Internationale Football Associated) anerkannten englischen Fußballregeln als verbindlich und schrieb die deutsche Fußball-

Die Mannschaft des VfB Leipzig, deutscher Fußballmeister des Jahres 1906. Der Stehkragen herrscht vor. Zwei der vornehmen jungen Herren tragen einen Zwicker. Der Fotograf hat sie malerisch um die »Victoria« gruppiert.
Foto: Archiv DFB

meisterschaft aus. Es durften sich nur Landesverbände mit mehr als vier Vereinen melden, um Splitterverbände auszuschalten. Die Landesverbände konnten ihre Bewerber benennen, gespielt wurde nach dem K.-o.-System, wer verlor, schied aus.
Westdeutschland reagierte zunächst ablehnend. Von neun Vereinen war 1898 in Düsseldorf der Rheinische Spielverband gegründet worden, der aber im Jahre 1900 seinen Namen in »Rheinisch-Westfälischer Spielverband« änderte und sich ab 1907 »Westdeutscher Spielverband« nannte. Am Rhein war man mißtrauisch. Man glaubte, daß der DFB ein Attentat auf die Selbständigkeit des Verbandes plane. Man war zwar genauso vornehm, wenn nicht noch vornehmer, als die anderen Verbände, aber man lehnte rein stimmungsmäßig den preußischen Konservatismus der Berliner ab. So hat es am Rhein besonderen Ärger gegeben, als die Berliner nach einem gewonnenen Städtespiel über Paris Seiner Majestät alleruntertänigst eine Huldigungsdepesche sandten, wofür Seine Majestät sich allerhuldvollst bedankte. Es kam aber noch etwas anderes hinzu: Von den neun Gründer-Vereinen des Rheinisch-Westfälischen Fußballverbandes waren sieben, die sich in erster Linie »Turnverein« nannten und den Fußball in besonderen Abteilungen betrieben. Im Westen wollte man diese Großvereine, bei denen vor allem die damals bewährten Leibesübungen gepflegt wurden, erhalten, während in Berlin, in Hamburg und vor allem im Süden der Zug zur Gründung reiner Fußballvereine ging. Immerhin, auf Initiative des einsichtigen Gottfried Hinze aus Duisburg entschied man sich schließlich auch im Westen zum Beitritt in den DFB. Der Bundestag des DFB fand ein Jahr später in Köln statt, und hier wurde auch sofort Gottfried Hinze zum 1. Vorsitzenden des DFB gewählt, um es lange Jahre zu bleiben.

Also, auch verbandsmäßig konsolidierte sich der junge Fußball. Es war insonderheit das Bürgertum, welches den Fußball trug, Schüler, Studenten, Angestellte, alles, was als Kennzeichen den hohen Stehkragen hatte. Man soll auch nicht, als die mutwilligen Jungs vom Haus Goor den Antrag stellten, in den Westdeutschen Spielverband aufgenommen zu werden, die gesellschaftlichen Verhältnisse jener Jahre vergessen. Damals verdienten Vater Szepan und Vater Kuzorra drei Mark fünfzig pro Schicht, wenig genug, um eine neunköpfige Familie trotz aller Lebenstüchtigkeit über Wasser zu halten. Dagegen zahlte der Schalker Gruben- und Hüttenverein, einer der Vorgänger der GBAG, im Jahre 1900 eine Spitzendividende von 75 Prozent aus. Die Kluft zwischen arm und reich wurde immer stärker, nicht nur materiell, sondern auch gesellschaftlich. Kein Wunder, daß die Sozialkämpfe jener Jahre immer erbitterter wurden und die großen Streiks das öffentliche Leben, besonders im Ruhrgebiet, erschütterten. Dem Klassenkampf der Arbeiterschaft, geführt aus echter Not, setzte Bürgertum und Gesellschaft den Klassenkampf des Dünkels entgegen — und ohne Zweifel zählte sich damals, was Fußball spielte, zum »guten« Bürgertum.

So ungefähr waren die Zeiten, als Westfalia Schalke im wahrsten Sinne des Wortes wild um sich »pöhlte«. Über Spielgegner und Spielresultate ist im einzelnen nicht mehr viel in Erfahrung zu bringen. Aber auch die wildesten Buben müssen einmal einsehen, daß es ohne Ordnung nicht geht. Der damals allmächtige Westdeutsche Spielverband lehnte auch einen zweiten Antrag auf Aufnahme von Westfalia Schalke ab. Das zeigt auf der einen Seite, wie man den jungen Verein ohne Tradition und ohne Altherrenschaft einstufte, auf der anderen aber, daß die Jungen von Westfalia Schalke sich bewußt waren, welchen Weg sie gehen mußten.

Schließlich war man einsichtig genug, dem Rat des WSV zu folgen, sich einem Verein anzuschließen, der bereits Mitglied des WSV war. Die Hilfe kam aus dem Turnerlager: Der Schalker Turnverein von 1877 übernahm Westfalia Schalke als seine Fußballabteilung.

Aber das war immerhin schon 1912. Der reguläre Weg, um deutscher Fußballmeister zu werden, war damit geöffnet. Auf der anderen Seite hatte man sich seine Selbständigkeit bewahrt. Die Grundlage war also vorhanden: Die echte Kameradschaft junger Leute, die zusammen groß werden, die Begeisterung für den Fußball und die Hilfe, nicht die Bevormundung, von Menschen, die im sportlichen Leben Erfahrung besaßen. Das Improvisieren von Fußballspielen hörte auf, das wilde »Gegnersuchen«. Obwohl die Spielordnung im damaligen WSV noch lange nicht ausgegoren war, tauchte ein neues Wort in der Begriffsliste der jungen Fußballspieler auf: Der Aufstieg. Der Ehrgeiz bekam realen Wert, auch wenn damals der deutsche Fußball, vor allem in den unteren Vereinen, in erster Linie in dem Prinzip bestand, den Ball nach vorn zu dreschen, hinterherzulaufen und irgendwie ein Tor zu erzielen.

Für die Entwicklung von Schalke 04 war die Spielkunst damals nebensächlich. Erheblich wichtiger war das Gefühl der Zusammengehörigkeit. Jugend will idealisiert sein, warum nicht durch den Fußball?

Man hatte jedenfalls ein Objekt, auf welches man sich freuen konnte. Mochte die Arbeit noch so schwer sein, am späten Nachmittag fand man sich mit seinen Kameraden zusammen, um Fußball zu spielen und zu fachsimpeln. Man diskutierte alles, was mit Fußball zusammenhing, das eigene Spiel, die Spiele der anderen Mannschaften, die Wettkämpfe, die man hinter sich hatte und jene, die bevorstanden. Kurz und gut, das triste Leben der überfüllten Mietskasernen hatte plötzlich einen Kernpunkt.

Denn eigentlich vollzog sich hier das zweite Schalker Wunder: Diese Mischung aus Kameradschaft, Ehrgeiz, Selbstbewußtsein bis zur Renitenz brachte dennoch die Einsicht auf, daß es ohne vernünftige spielerische Ordnung nicht geht. Diese Mischung hat

Die Mannschaft von Westfalia Schalke aus dem Jahre 1914. Von links nach rechts: Luska, Gustav Kirstein, Hertling, Marzinzik, Jansen, Küpper, Kulschewski, Nitzkowski, Gerle, Otto Kirstein.

Foto: Archiv Schalke

die Grundlage gebildet, späterhin eine Meistermannschaft herauszubringen.

Als der Erste Weltkrieg ausbrach, fand man sogar den ersten »richtigen« Vorsitzenden, den damaligen Bankangestellten Robert Schuermann. Er hatte eine Schalker Gastwirtstochter geheiratet, und beide wußten, wie die Schalker Jungens zu nehmen waren. Der Verein erhielt Format; aber ein Spieler nach dem andern mußte ins Feld. Auch Robert Schuermann rückte im Jahre 1916 ein — dafür leitete seine Frau den Rest des Vereins. Sie konnte sogar bis zum Hungerjahr 1917 eine Art Spielbetrieb aufrecht erhalten. Christine Schuermann, als zart und verträumt geschildert, starb im letzten Kriegsjahr. Vorher, im Jahre 1915, hatte aber ihr Mann noch erreicht, daß eine ganze Reihe von kleinen Emscher-Vereinen in den Westdeutschen Spielverband aufgenommen wurde, darunter auch Westfalia Schalke. Angesichts der gemeinsamen

Robert Schuermann und Frau Christine Schuermann, geb. Wilke. Foto: Archiv Schalke

Kriegsnot hatte der WSV seine Bedenken fallengelassen.
Nach dem Krieg war es schwierig, wieder Fuß zu fassen, obwohl gerade in jenen Jahren der Sport überall mehr Interesse fand. Westfalia Schalke sammelte sich um Robert Schuermann. Das erste Nachkriegsspiel wurde gegen eine Mülheimer Freikorpsmannschaft ausgetragen, aber man konnte noch nicht eine komplette Elf ins Feld stellen. Der Platz an der Grenzstraße, den der Turnverein Schalke 77 von der Zeche »Consolidation« gepachtet hatte, war während des Krieges von den Schalkern benutzt worden. Aber dieser Platz sah bei Kriegsende fürchterlich aus, da er allgemein als Kippe gedient hatte. In Eigenarbeit wurde er wieder hergerichtet. Aber

als er spielbereit war, beanspruchten die Turner den Platz für sich.

Unter den Turnern war ein Mann, der mit dem später beginnenden Ruhm Schalkes untrennbar werden sollte — Fritz Unkel. An sich ein begeisterter Turner, schlug er eine faire Fusion zwischen der immer noch selbständigen Westfalia Schalke und dem Turnverein 77 vor. Die Westfalia-Leute gaben ihren Namen auf, dafür änderte der Turnverein 77 seinen Namen in »Schalker Turn- und Sportverein 1877«. Jedenfalls hatte die Fußball-Abteilung endlich ihren festen Stammplatz, den sie jahrelang behielt.

Das erste Vereinslokal von Westfalia Schalke Dittmar. Foto: Archiv Schalke

Der Kreisel beginnt zu tanzen

Fritz Unkel, später allgemein »Papa Unkel« genannt, entstammte einer alten Schalker Bürgerfamilie. Er bekleidete in Schalke einen äußerst wichtigen Posten: Magazinverwalter der Zeche »Consolidation«, das heißt, er verfügte über Handwerkszeug, Nägel und Holz, und die Zeche »Consolidation« ist wie die übrigen Zechen im Ruhrgebiet nicht daran zusammengebrochen, daß der kleine Mann plötzlich ein Stück

So formierte sich Westfalia Schalke nach dem Ersten Weltkrieg: Ganz links der 1. Vorsitzende Schuermann, weiter Krischik, Student, Wendt, Julius Neumann, Hahn, Beste, Hermann Neumann, Gorziza, Rodner, Brackwehr, Sobottka, Olbrisch. Viele von diesen Spielern, vor allem der Torwart Sobottka, waren noch dabei, als die Mannschaft schon bekannt war.

Foto: Archiv Schalke

Fritz Unkel, allgemein Papa Unkel genannt, war der gute Geist von Schalke 04. Er übernahm die Führung des neu gegründeten Vereins Schalke 04 und erlebte noch den kometenhaften Aufstieg bis zum sechsfachen deutschen Fuballmeister. Foto: Archiv Schalke

Maschendraht für seinen Kaninchenstall billig zur Hand hatte. Der Magazinverwalter hatte dadurch in weiten Kreisen der Bevölkerung einen mächtigen Einfluß.

Zeitgenossen aus jenen Jahren nannten Fritz Unkel einen Idealisten mit reellem Geschäftssinn. Er konnte tatsächlich opfern, seine große Meisterschaft bestand aber darin, stets den nächstliegenden Ausgleich zu finden. Er wußte alle Streitigkeiten zu schlichten, er konnte aber auch Sorgen beheben, selbst nichtmaterielle. Er war eigentlich keine Führerpersönlichkeit, aber ein Mensch, zu dem alle Welt Vertrauen fühlte. Gut katholisch, schätzte er keinen Extremismus.

Vor allem konnte er sich mitfreuen. Fritz Szepan erzählte später, daß Papa Unkel vor einem Spiel gegen einen Gelsenkirchener Konkurrenten für jedes Tor eine Prämie von zwei Mark auslobte. Fritz Szepan war damals siebzehn Jahre alt und malte sich Zukunftsträume aus: Jetzt müßtest du drei Tore treten — dann hättest du sechs Mark. Und Fritz Szepan trat diese drei Tore und erhielt von Papa Unkel die Prämie. Fritz Szepan: »Der Alte hat sich eigentlich noch mehr gefreut als ich, als er mir das Geld in die Hand drückte.«

Den Schalkern bekam die Ehe mit den Turnern gut, nicht nur kameradschaftlich, sondern auch sportlich. Man begriff plötzlich den Wert der »Leibesübungen«, man sah ein, daß zum guten Fußballspielen auch ein echtes Körpertraining gehörte — wie andrerseits mancher Turner plötzlich sein Herz für den Fußball entdeckte.

Und plötzlich kam der Erfolg. Der Turn- und Sportverein Schalke 77 trat aus der Anonymität heraus und begann, sich auf dem Platz des Spitzenreiters einer jeden Tabelle wohlzufühlen. Man hatte natürlich nach dem

Krieg in der untersten Spielklasse angefangen, nachdem im Westdeutschen Spielverband das Wettspiel und die Klasseneinteilung feste Formen angenommen hatten. Im Spieljahr 1919/20 wurde man Meister der B-Klasse in der zweiten Bezirksgruppe. Dieser hatte gegen den Meister der ersten Bezirksgruppe ein Entscheidungsspiel um den Aufstieg in die A-Klasse auszutragen. Meister der ersten Bezirksgruppe war der BV 12, dessen Damen zu diesem Spiel, so berichtet die Sage, bereits die Siegerkränze für die Spieler mitgebracht hatten. Sie wurden nicht überreicht, denn es gewann mit 4:0 Schalke 77, und an diese unverschämten Spieler wollten die Damen vom BV 12 nicht die teuren Kränze verschwenden.

Das war also Schalkes erster Aufstieg, der Aufstieg in die A-Klasse. Überhaupt hatte sich damals die Zeit geändert. Das Interesse am Sport hatte sich gewaltig gesteigert. Es gab Zuschauer — und damit Geld. Die größeren Vereine fingen an, ihren Spielern die Fahrten zu bezahlen und sogar einen bestimmten Spesensatz zu vergüten. Und außerdem — die Zeitungen berichteten über Sportwettkämpfe, sie konnten bei dem großen Publikumsinteresse am Fußball nicht mehr vorbei.

Es gab auch Fachblätter und nicht einmal schlechte. Im Westen herrschte der »FuL« — Fußball und Leichtathletik. Man versuchte, umfassend zu sein und machte es sich manchmal leicht. Die Berichte wurden zusammengefaßt: »Brief aus der Kohlenstadt« — das war Gelsenkirchen, Oberhausener Gute Hoffnung, Bochumer Gußstahl — »Aus der Kaiserstadt« — das war Aachen. Aber damals wurde auch schon das gräßliche Sportdeutsch geboren, die dreißig immer wiederkehrenden billigen Floskeln, mit denen »das Spielgeschehen« geschildert wurde. Im »FuL« vom 1. März 1922 liest man folgenden Bericht: »Schalke 77 Liga — Hessler 06 A-Klasse 2:2 Dieses Spiel hatte manchen Neugierigen nach der Grenzstraße gelockt, um Zeuge eines spannenden Kampfes zu sein. Im schönen flotten Tempo überbieten sich beide Mannschaften, und so werden auch im Eifer des Gefechtes manche Torgelegenheiten verpaßt. Das Resultat entspricht dem Spielverlauf ... Bald sieht man die eine oder andere Partei im Vorteil ... und so weiter und so weiter ... so daß der Schiedsrichter beide Gegner beim Endresultat von 2:2 trennt.« Man hat das Gefühl, als wenn man Ähnliches nach rund fünfzig Jahren immer noch lesen kann.

Aber dies nur nebenbei. Man hatte den furchtbaren Krieg überstanden, man wollte leben und sich seines Lebens freuen. Ruhe indessen war immer noch nicht im Lande, besonders im Ruhrgebiet. Kapp-Putsch, die Ruhrbesetzung durch die Franzosen — unsere heutigen Freunde benahmen sich damals ziemlich grob — weiter die Inflation, alles Umstände, die auf den Fußball Einfluß nahmen. Die Franzosen waren überängstlich, sie sahen in jedem Fußballclub ein Widerstandsnest, entsprechend waren

die Beschränkungen. Trotzdem, die Fußballabteilung Schalke begann zu wachsen.
Ein neues Wunder geschah. Der Schalker Fred Kühne, einer der alten Garde, hatte in englischer Kriegsgefangenschaft die Brüder Fred und Hans Ballmann kennengelernt, die ein merkwürdiges Schicksal hinter sich hatten. Ihre Eltern waren vor dem Ersten Weltkrieg nach England ausgewandert. Als der Krieg ausbrach, wurde die Familie interniert und 1920 ausgewiesen. Die beiden Ballmanns, die kaum noch ein Wort Deutsch sprachen, kamen durch Fred Kühne nach Schalke. In England hatten sie den englischen Fußball kennen- und beherrschengelernt. Sie waren zwar keine überragenden Fußballspieler, wußten aber, wie man grundsätzlich besser spielen kann als es im deutschen Fußball damals üblich war. Denn das deutsche System war immer noch reichlich primitiv. Wenn ein Verteidiger den Ball mit gewaltigem Schlag möglichst weit und hoch in die Gegend knallte, so wurde er bestaunt und beklatscht. Daß der Ball dabei beim Gegner landete — nun, wen störte das.
Die beiden Ballmanns brachten mehr Überlegung in das Schalker Spiel: Den Ball flach zu halten und zum besser stehenden Spieler zu passen, und zwar so, daß dieser ihn sofort an den nächsten ebenfalls besser stehenden Mitspieler weitergeben konnte — eine der Voraussetzungen des später so berühmt gewordenen »Kreisels«. Die beiden Ballmanns wurden natürlich mit Samthandschuhen behandelt, damit andere Clubs sie nicht abwerben konnten. Sie arbeiteten als Monteure bei »Küppersbusch« und hatten ihre Füße unter Papa Unkels Tisch gestreckt. Und damit sie nicht dem bösen Konkurrenten in die Hände fielen, begleitete der damalige Spielführer Thomas Student sie grundsätzlich zur Arbeit.
Der Schalker Club holte sich dadurch einen Spitznamen. Damals fuhr die Mannschaft auf offenen Lastwagen, auf denen Bänke aufgestellt waren, zum Gegner. Die Gelsenkirchener Jungens riefen dann: »Die Engländer kommen!«
Seit dieser Zeit jedenfalls spielte man in Schalke folgerichtig Flachpaß und hatte damit sofort Erfolg. Die Mannschaft wurde bekannt; nicht nur das, sie erhielt einen festen Anhängerstamm. Da die meisten Spieler Bergleute waren, hatten sie gerade unter der Bergarbeiterschaft Schalkes ihre besonderen Freunde. Aus den nüchtern beobachtenden Zuschauern wurden Teilnehmer, die begeistert hinter ihrer Mannschaft standen oder wütend den Gegner verunglimpften. Die Schiedsrichter hatten es damals noch schwerer als heute. Aber das galt nicht nur für Schalke. In einem Spielbericht im »FuL« aus dem Jahre 1922 über ein Spiel gegen Essen-West 81 (1:1) heißt es: »Die Schlachtenbummler Essens werden hiermit herzlich gebeten, in Zukunft auf den Sportplätzen unserer Stadt sich eines besseren Benehmens zu befleißigen, das gestrige Verhalten auf dem Platz von Schalke 77 gibt Veranlassung, diese Bitte hier zu veröffentlichen.«

In der Spielbilanz jener Jahre, die bei Schalke seit 1919 geführt wurde, zeigt sich die ständige Verbesserung an. 1920 trug man 43 Spiele aus und wurde — neben einigen Unentschieden — nur 11mal geschlagen. 1921 waren es bei 37 Spielen 19 Siege, 14 Unentschieden und drei Niederlagen, 1922 bei 29 Spielen fünf Niederlagen und 1923 bei 30 Spielen drei Niederlagen. Die Gelsenkirchener Fußballwelt wurde damals von zwei Vereinen beherrscht, von Union Gelsenkirchen und Gelsenkirchen 07. Vor allem beherrschte Gelsenkirchen 07 das Feld, die »gelbe Gefahr«, mit dem berühmten und berüchtigten Michel Gogalla im Sturm. Er war das Idol aller Gelsenkirchener Fußballanhänger, nur, er war moralisch nicht ganz sattelfest. Am besten soll er gespielt haben, wenn seine Mannschaft ihn Sonntagmittag noch halbwegs betrunken aus dem Bett holen mußte. Aber er war ein hervorragender Techniker mit einem Bombenschuß.

Schaut man sich die Liste der Gegner von Schalke 77 an — lieber, alter Kohlenpott! Eine ganze Menge von Vereinen existiert heute noch. Fritz Szepan: »Zu den meisten Auswärtsspielen sind wir zu Fuß gegangen.« Hessler 06, TV Katernberg, Hüllen 07, Preußen Hochlarmark, Kray 04, SpV Rotthausen, Westfalia Buer, TV Wattenscheid, Buer 07, STV Horst, Turnerbund Eickel, BV Stoppenberg, Preußen Wanne, Westfalia Herne und so weiter und so weiter — wo die liebe alte Emscher fließt. Es war eben die Zeit des fröhlichen Fußballs, Sonntag für Sonntag wurde das Köfferchen gepackt und das wilde Erlebnis eines Fußballspiels durchstanden. Und abends gab es dann den Kommers im Vereinsheim: Es wurde erzählt, gelacht und geprahlt. Das albernste aller Lieder wurde gesungen, man glaubte sogar, den Inhalt für echt halten zu dürfen:

»Unser Torwart auf der Lauer,
Schaut verdächtig drein,
Und die Backs stehn wie die Mauer
Schlagen kräftig drein,
Und die Halfs, die Helfershelfer,
Laufen immer vor,
Daß die kleinen, flinken Stürmer
Schießen Tor auf Tor.«

Schalke 77 konsolidierte sich, der Verein wurde in sich sicher. Aber was sein muß, muß sein — der Platz an der Grenzstraße brauchte eine gediegene Umzäunung, damit man die Eintrittsgelder besser kassieren konnte. Mit den letzten Pfennigen aus der Vereinskasse kaufte man die erste Fuhre Bretter, womit ein Drittel des Zauns gebaut wurde. Den Rest — nun ja, Vater Unkel war Materialverwalter und sein Sohn Felix Bergwerksangestellter auf der Zeche »Consolidation«. Die Rechnungen sind wahrscheinlich heute noch offen. Die Zimmerleute der Zeche legten kräftig Hand an — die Zeche zahlte die Arbeitsstunden, was damals kein Problem war, denn man schwamm ja im Papiergeld der Inflation. Schließlich brauchte man, um den Platz zu verbessern, zehn Waggons Asche, sie wurden irgendwie beschafft. Eine Bretterbude mit Wasserleitung diente als Umkleide-

raum, lästig war nur, daß in jener Zeit der Sachwerte die Wasserhähne aus Messing nachts öfter ausgedreht wurden. Aber selbst an Sonntagen lieh die Zeche neue Hähne.
Unter solchen Verhältnissen war man 1922/23 Meister der A-Klasse geworden. Papa Unkel hatte folgende Spieler in die nächst höhere Klasse gebracht: Beste, Wendt, Ferkau, Kirstein, Student, Sobottka, die beiden Ballmann, Seppelfricke, Zurawski und Witt. Man verfügte jetzt über so viel Spieler – und vor allen Dingen über gute Jugendmannschaften –, daß man anfangen konnte, die Mannschaft zu bauen. Wer seinen Platz in der ersten Garnitur halten wollte, der mußte schon etwas leisten.
Aber dann kam eine Maßnahme, die man heute noch nicht versteht. Der Deutsche Turnerbund verlangte von seinen Vereinen, die auch Spielabteilungen unterhielten, die reinliche Scheidung. Entweder Turner oder Fußballer oder Leichtathlet. Es war eine ganz egoistische Maßnahme. Man wollte mit dem Deutschen Fußballbund und dem Leichtathletik-Verband, dem DSB, nicht zusammenarbeiten und hoffte damit zu erreichen, diese Sportarten auch unter die Regie der Turnerei zu bekommen. Fußballer und Leichtathleten dachten nicht daran, ihren gesonderten Verband aufzugeben. Also verlangte der Turnerbund die Trennung, die Ehe zwischen dem Turnverein Schalke 77 und der alten Westfalia Schalke mußte aufgegeben werden.
Für manchen fiel diese Entscheidung schwer, denn die Turnertreue war eine erstrebenswerte Eigenschaft. Am 5. Januar 1924 kamen die Sportler, die sich vom Turnverein Schalke 77 getrennt hatten, beim Vereinswirt Oeldemann Ecke Wilhelminen- und Grenzstraße zusammen. Daß man selbständig bleiben wollte, war klar – man konnte es auch. Die jungen Leute aus der alten Westfalia waren erwachsen, und man hatte eine gute und vernünftige Führung – eben Fritz Unkel. Willi Gies, der Spiritus rector der Gründerjahre, hatte sich nach einer schweren Kriegsverletzung fast völlig zurückgezogen. Fritz Unkel, der alte Turner, blieb bei seiner Fußballmannschaft. Schalke hatte damit in jenen Jahren das große Los gezogen, denn gerade in diesen Zeiten des Überganges bewies Papa Unkel seine Qualitäten, alle Widerstände auszugleichen und den Verein zusammenzuhalten. Aber wie sollte man den Club nennen? »Westfalia Schalke« erschien nicht weltmännisch genug. Am Schalker Markt hatte man schon immer große Rosinen im Kopf. Zur Debatte standen »Blau-Weiß Schalke« und »Schalke 04«, man war diesmal für die schlichte Tradition und beschloß, sich »Schalke 04« zu nennen. Der Name hatte Rhythmus – daß er später eine Art Fetisch im Fußball werden sollte, nun, das konnte damals bei Oeldemann in der Grenzstraße noch niemand ahnen.
Dieses offizielle Geburtsjahr 1924 von Schalke 04 fiel in bewegte Zeiten. Die Inflation war zwar überwunden, eine Mark war wieder eine Mark beziehungsweise eine Rentenmark, aber im Ruhrgebiet

Abschiedsfeier für Hans Ballmann am 6. Oktober 1923. Obere Reihe: Kuzorra, Szepan, Seppelfricke; mittlere Reihe: Hupperts, Rothardt, Jaczek, Student, Sobottka, Kirstein, Zurner, Wendt; untere Reihe: Bergmann, Zengerling, Ehrenberg, Hans Ballmann, Unkel, Oetzelmann, Ambel, Fritz Krause. Foto: Archiv Schalke

herrschten immer noch die Franzosen, um die Ruhrkohle abzufahren. Der passive Widerstand brachte zwar den Bergleuten Zeit genug zum Fußballspielen, aber die Zechenaussperrung und die Verkehrsschwierigkeiten, die ganze Unsicherheit ließen einen normalen Spielbetrieb kaum zu. In Paris wurden die Olympischen Spiele ausgetragen, an denen Deutsche nicht teilnehmen durften — und im Westdeutschen Spielverband herrschte der »Neue Weg«.

Er war zwar aus reinem Idealismus erkoren — aber er hemmte den gesunden Wettbewerb. Es gab keinen Auf- und keinen Abstieg. Der Neue Weg war eingeführt worden, um den Vereinen Ruhe zu bringen. Er war auf dem Verbandstag einstimmig angenommen, um jene Zeiten zu verhindern, »wo«, wie es in einem Fachblatt heißt, »die Spiele durchgepeitscht werden mußten, das Profitum grassierte, der Sportplatzpöbel den Ton angab, wo ... der Konkurrenzneid, die gegenseitige Zieherei, die Sportmoral und Anständigkeit auffraßen ...« – gewiß alles gute Gründe, aber man hatte das Kind mit dem Bade ausgeschüttet. Das wichtigste im Fußball ist eben der Wettkampf und dazu gehören Auf- und Abstieg. Der Kölner Sportjournalist Jakob Zündorf kämpfte wütend gegen den Neuen Weg und verlangte den einjährigen Turnus für Meisterschaft, Aufstieg und Abstieg. Aber er kam auf dem Verbandstag in Hagen nicht durch, mit 88 zu 84 Stimmen blieb man beim Neuen Weg.

Die Nutznießer waren die Vereine, die bei der Schaffung des Neuen Weges in die oberste Spielklasse des Westdeutschen Spielverbandes berufen worden waren. Der Westdeutsche Spielverband war in Gaue unterteilt, und zwar in Rhein-Gau (mit Köln als Zentrale und Aachen), Ber-

Eine Zeitungsanzeige gibt zum erstenmal den später so berühmten Namen Schalke 04 bekannt. Foto: Archiv Schalke

Fußballklub Schalke 04

e. V.

heißt fortan die Spielabteilung des

Turn- und Sportvereins Schalke 1877,

vorbehaltlich der Genehmigung des Verbandes.

Geschäftsstelle nach wie vor Hülsmannstraße 11.

gisch-Märkischer-Gau (mit Düsseldorf und Wuppertal), Niederrhein-Gau (mit Duisburg und Krefeld), Ruhr-Gau (mit Essen, Gelsenkirchen, Bochum und Dortmund), Westfalen-Gau (mit Bielefeld, Osnabrück, Münster, Hamm), Südwestfalen-Gau (mit Hagen und Siegen) und der Hessen-Kassel-Gau (um Kassel). Jeder Gau hatte seine Gauliga, der es natürlich in diesen Jahren verhältnismäßig gut ging, da die Vereine keine Abstiegssorgen kannten. Im Ruhr-Gau gehörten dazu folgende 16 Vereine: Schwarz-Weiß Essen, BV Altenessen, Union Gelsenkirchen, Preußen Essen, Essen 99, Spielverein Buer-Erle, Gelsenkirchen 07, Märkischer Ballspielverein Linden, Dortmund 08, TuS Bochum, Buer 07, Alemannia Dortmund, Arminia Marten, Langendreer 04, Dortmund 95 und VfB Dortmund.

Natürlich waren schon damals, als der Fußball immer populärer und auch in Deutschland haarscharf an das Geldzählen herangebracht wurde, die Geschäfte um und mit dem Fußball zum Teil finster genug. Im Westen herrschte als Vorsitzender des Westdeutschen Spielvereins der Bochumer Rechtsanwalt Jersch, ein glänzender Redner und ein tüchtiger und energischer Verbandsvorsitzender. Aber er hielt — zusammen mit den übrigen Kavalieren seines Vorstandes — starr an den Begriffen seiner Jugendzeit fest, und das war eben der krasse Amateurstandpunkt. Geld, mehr oder weniger viel und mehr oder weniger versteckt, für das Fußballspielen zu nehmen kam für den alten preußischen Offizier unmittelbar nach der Majestätsbeleidigung. Im Westen, der damals noch fußballerische Provinz gegenüber den Hochburgen Hamburg, Berlin und Süddeutschland war, hielt man überhaupt besonders stark an den Begriffen der »reinen Luft des Sports« fest. Ein F. R. hatte in der Münchener Fachzeitschrift »Fußball« geschrieben: »Man sollte sich doch hüten, nachdem sich grade vorher Westdeutschland mit der Schauermär unerhörter Forderungen des DFC Prag bloßstellte, sich immer erneut zu blamieren, und die betroffenen (ausländischen) Vereine zu verärgern.« Nun, die Schauermär sah so aus: Der DFC Prag hatte für eine Tournee von vier Spielen (damals wurden die sogenannten Freundschaftsspiele mit bekannten ausländischen Mannschaften noch großgeschrieben) 6000 Goldmark, freie Fahrt Schnellzug zweiter Klasse (damals gab es noch vier Klassen bei der Reichsbahn) und Unterkunft nebst erstklassiger Verpflegung (auch während der Fahrt) verlangt. Eine solche Forderung war natürlich mit dem reinen Amateurismus kaum zu verbinden.

Die Forderung wurde abgelehnt, aber sie gibt doch einen Begriff, was damals im Amateur-Fußball schon möglich war. Das war also die Lage im Fußball, als sich der neugegründete FC Schalke 04 in seiner Klasse breitmachte.

Der Aufstieg der Schalker Mannschaft begann eigentlich sofort. Im Februar 1924 wurde man Gruppenmeister der Kreisliga, die Emscher-Kreismeisterschaft holte sich dagegen der BV Stoppenberg. Schalke mußte noch ein Jahr warten. Im nächsten Jahr war man Emscher-Kreismeister nach einem schweren Spiel gegen die Essener Sportfreunde 07. Das Spiel wurde in Buer ausgetragen, beim regulären Schluß stand es 0:0, in der Verlängerung schossen die Schalker 3 Tore.

Jetzt hatte man etwas Drolliges erfunden. Da man den Großen an der Ruhr nicht an den Kragen konnte — wegen des Neuen Weges —, erfand man eine Meisterschaft der Kreisliga-Vereine. Durch Siege über die Kreisliga-Meister Preußen 07 Bochum und Borussia Dortmund wurde Schalke 04 Ruhrgau-Meister der Kreisliga-Vereine, und mit Siegen über Bielefeld 06, Eller 04 und Hagen war man Kreisliga-Meister des Westdeutschen Fußball-Verbandes.

16 Spieler setzte Schalke 04 ein, um diesen etwas dubiosen Titel zu erringen: Sobottka, Student, Ballmann, Zurner, Lewandowski, Dominik, Jaczek, Wendt, Neumann, Huppertz, Kirstein, Willms, Kuzorra, Passmann, Rothardt, Ferkau.

Und damit taucht in den Schalker Annalen ein Name in der ersten Mannschaft auf, der kurze Zeit später in aller Munde war: Ernst Kuzorra.

Dieser Ernst Kuzorra hatte den Fußballfimmel schon von Jugend auf. Während des Krieges war er zwei Jahre in der Kinderlandverschickung in Pommern gewesen. Als er zurückkam, mußte er noch ein Jahr in der ersten Klasse nachholen. Und hier, auf der Goetheschule in der Prinzenstraße, hatten die Schüler Raumlehre — heute würde man Geometrie sagen — bei einem Lehrer Hallmann, welchselber als Mittelläufer bei Buer 07, ebenfalls fanatischer Fußballspieler war. Lehrer Hallmann — Klassenkameraden von Ernst Kuzorra berichten darüber — hatte eine großartige Methode: »Strengt euch an, dann können wir nachher noch Fußball spielen.« Die Sache ging dann so vor sich: Lehrer Hallmann und Ernst Kuzorra wählten, das heißt, abwechselnd konnte jeder einen der Schüler in ihre Mannschaft berufen, bis auch die letzte Krampe gewählt war. Und regelmäßig gewann die Mannschaft um den Fummelbruder »Putten Kuzorra«.

»Putten«, das war sein Spitzname. Warum, weiß kein Mensch. Dabei war der kleine Ernst alles andere als ein Putten. Unter den Jungens auf der Straße mußte geschehen, was er wollte. Er war nie vorlaut, er drängte sich nie vor, aber er war in seinem Wesen so bestimmend, daß die andern ohne weiteres nachgaben. Gepöhlt wurde, wenn man nicht auf dem Platz war, an der »Papistenkirche« in Schalke, wie die Baptistenkirche genannt wurde. Der schmächtige, aber drahtige Ernst Kuzorra war als kleiner Junge schon ein so hervorragender Dribbler, daß er straßenweit Anerkennung fand. Aber die fürchterlichsten Prügel erhielt er einen Tag nach seiner Konfirmation. Da Ernst Kuzorra ein echter Sohn des Ruhrgebietes ist, hört sich sein Bericht darüber wie folgt an: »Als datt mitti Kirche vorbei wa, na ja, datt Essen wa toffte, da wa dat fielleicht lankweilig zu Haus. Un ich mich nachen Plazz fadrückt, zweite Jugend gegen Erle null-acht. ›Ärnz‹ riefen se, ›komm, spiel mit.‹ Mitti neuen Konfirmazionsschuhe! Un ich dran, ich weiß datt noch wie heute, zwei Tore happich getreten. Na, denn nach Haus. Die neuen Konfirmazionsschuhe waan total im Eimer. Un damals Konfirmazionsschuhe — dat wa schon watt. Konnze ja nich dran komm an neue Schu. Wie meine Mutter dat geschafft hat, ich weiß et nich. Ich die neuen Schu ärß im Stall un dann inne Wohnunk geschlichen. Zuärß gink dat gut, bis meine Mamma fraachte: ›Ärnz, wo hasse die Schu?‹ ›Mamma‹, happich gesacht, ›ich konnt nix dafür, waan bißken Dreck dran, happich im Stall gestellt.‹ Un am andern Morgen, meine Mutter die Konfirmazionsschuhe! Un dat sehen! Un denn! So happich se lange nich gekricht wie wegen die fadammten kaputten Konfirmazionsschuh!«

Von diesem Zeitpunkt an mußte Ernst Kuzorra krücken, wenn er zum Fußballspielen wollte. Und das war eigentlich ständig der Fall. Wie meistens in den evangelischen, aus Masuren stammenden Familien waren die Mütter stark kirchlich eingestellt — und Ernst Kuzorra war damals wohl das eifrigste Mitglied im Jungmänner-Verein. Als Putten aus der Schule entlassen wurde, sollte er Chauffeur werden. Aber das paßte ihm nicht, weil er dann sonntags morgens Autos waschen mußte. Und da er wie immer seinen Willen durchsetzen konnte — auch zu Hause —, blieb nur noch die Zeche.

Es fing am Leseband an, später kam er als »Bremser« in die Grube. »Bremser« wurden die Bergleute genannt, die in den Stapeln, den Zwischenschächten, die Haspeln bedienen mußten, mit denen die Kohlenwagen auf die Fördersohlen transportiert wurden, eine langweilige, aber doch verantwortungsreiche Arbeit. Acht Stunden saß also der Schlepper Ernst Kuzorra in seiner einsamen Haspelkammer und ließ den quietschenden Haspelkorb von Ort zu Ort auf- und abwärts rasseln. Immerhin — er hatte mehr Zeit zum Fußballspielen und verdiente auch so viel Geld, um sich sogar ein Paar Fußballschuhe zu gestatten.

Ernst Kuzorra hat im ganzen sieben Jahre unter Tage gearbeitet. Schon als die Mannschaft Ruhrbezirks-Meister war, arbeitete er noch unter Tage. Aber nach den Schlepperjahren, als sein Ruhm zu wachsen begann, hatte er es in der Grube immer besser. Vor Kohle hat er kaum gearbeitet, und ein Kumpel jener Jahre erzählt lächelnd: »Wat dä Ärnz an Kohlen losgemacht hat, da kannze kein Funt Ärpsen drauf ga kriegen.«

Jedenfalls, auch Ernst Kuzorra gibt offen zu, daß er sich später unter Tage nicht überarbeitet hat: »Die Kumpels waren prima. Leg dich hin, wir machen das schon.«

Und dieser Putten Kuzorra spielte einen höchst seltsamen Fußball, wie man ihn bisher noch nicht gesehen hatte. Er war nicht nur ein glänzender Techniker, er spielte auch bewußt auf Erfolg. Der Ball schien ihm am Fuß zu kleben, aber er dribbelte nur so lange, wie es eben notwendig war, dann erfolgte der Paß zum Mitspieler, so gezirkelt, so genau, daß dieser Mitspieler sofort für den Erfolg des Angriffs weiterarbeiten konnte. Und diese Pässe kamen so überraschend, daß die Spielsituation schlagartig umgekrempelt wurde. Selbst der eigene Mannschaftskamerad war oft genug überrascht, viel mehr die Gegner. Nichts läßt so herzhaft lachen wie die Schadenfreude; und den Zuschauern war es natürlich ein großer Spaß, wenn die Gegner ihrer Mannschaft durch diese Spielweise bis zur Lächerlichkeit genarrt wurden.

Vor allem eins: Ernst Kuzorra hatte vor nichts und vor niemand Respekt. Er spielte mit siebzehn Jahren in der ersten Mannschaft von Schalke 04 – das erste Mal, nachdem er bereits am Morgen in der Jugendmannschaft sein Spiel hinter sich gebracht hatte. Er agierte sofort so selbstsicher, als wenn er bereits seit Jahren in der ersten Mannschaft gestanden hätte.

Sein Ruhm begann zu wachsen. Da Vater Kuzorra regelmäßig zum Platz ging, um seinen Sohn Ernst spielen zu sehen, mußte auch Mutter Kuzorra schließlich zu allem ja und amen sagen. Zu Hause hatte er von da an Ruhe, und außerdem bemühte man sich, dem guten Fußballspieler Kuzorra auf der Zeche möglichst einträgliche Druckposten zuzuschieben, wobei die Zechenbeamten mithalfen. Einmal allerdings fiel Ernst Kuzorra rein. Er wurde von Schacht II/VII der Zeche »Consolidation« auf den Schacht »Oberschuir« verlegt. Hier war es nichts mit dem Druckposten, denn der Steiger, dem er in die Hände fiel, hatte nicht das geringste Interesse für Fußball: »Na ja, du sollst ein guter Fußballspieler sein, dann bist du auch ein guter Lehrhauer.« Aber das wurde rasch abgestellt.

In Deutschland, vor allem im Ruhrgebiet, hatte sich in jenen Jahren manches geändert. Auf der Zeche »Consolidation« in Schalke wurden die ersten, durch Preßluft betriebenen Abbauhämmer und Schrämmaschinen eingeführt. Die Belegschaftszahl dieser Zeche stieg von 7982 im Jahre 1919 auf 8234 im Jahre 1925. In der gleichen Zeit stieg die Kohleförderung von 1 328 194 Tonnen auf 1 863 410 Tonnen an. Immerhin büßte die Zeche ihre Selbständigkeit bei der in jenen Jahren beginnenden Großkonzernbildung ein. Sie ging 1922 in den Besitz der »Mannesmann-Röhrenwerke« über. Viel wesentlicher für die Bevölkerung war aber die allgemeine wirtschaftliche Lage. Nach der Beendigung der Inflation kam die Wirtschaft zunächst schlecht in Gang. Die starke Kohlennachfrage kurz nach dem Krieg war ins Gegenteil umgeschlagen, es wurde zuviel gefördert und man blieb auf den Kohlen sitzen. Wirtschaftlich waren die Jahre 1924 und 1925 ausgesprochene Krisenjahre, bis dann im Mai 1926 der große englische Bergarbeiterstreik ausbrach. Jetzt war die Ruhrkohle plötzlich so gefragt, daß Überschichten verfahren werden mußten, während vorher die Feierschicht die Regel war. Der Aufschwung der Wirtschaft hielt bis 1929 an – und diese

Jahre sind die Zeit des Aufstiegs von Schalke 04 bis in die deutsche Spitzenklasse.
Aber vorerst war es noch lange nicht so weit. In Schalke wurde, besonders durch den Einsatz Papa Unkels, beachtliche Jugendarbeit geleistet, und man besaß in Jugendleiter Zengerling einen tüchtigen und weitsichtigen Mann, der eine gute Hand hatte, die Jugend zu leiten und mannschaftsweise einzuordnen. Nun war da ein weißblondes Kerlchen, Fritz Szepan. Als Lehrling bei »Küppersbusch« wurde er in die Geheimnisse der Installation eingeweiht. Obwohl er ein tüchtiger Spieler in seiner Straßeneckenmannschaft war, hatte er zu Schalke 04 nur lose Verbindungen. Das änderte sich, als die übrigen Lehrlinge von »Küppersbusch« ihn bestimmen konnten, in einem Freundschaftsspiel gegen den VfB Gelsenkirchen mitzumachen. Das Spiel endete 2 : 2, Fritz Szepan schoß beide Tore.
Fritz Szepan war charakterlich anders als Ernst Kuzorra: fröhlicher, gutmütiger als dieser und zu Hause ein recht braver Junge. Was Vater und Mutter sagten, befolgte er. Seine erste Berührung mit dem Fußball hatte das I-Männchen Fritz, als sein Vater ihn zur Schule brachte und auf dem Bürgersteig eine alte Konservendose lag. Der kleine Fritz trat dagegen — und hatte sofort die Hand seines Vaters im Nacken. »Barfuß kannst du das machen — aber nicht in Schuhen.«
Seine Mutter hatte entschieden, daß der kleine Fritz, zweitjüngster zu Hause, dem Fußball zu entsagen habe. Fritz parierte, wenn auch schweren Herzens. Damals war er schon fast sechzehn, bis auch er auf eine List verfiel. Ein paarmal war er bei einem Boxklub gewesen. Er hatte ein gutes Auge und war schnell, und so erklärte er zu Hause, irgend etwas müsse ein junger Mann an Sport ja treiben, und so werde er boxen. Die Mutter schlug die Hände über dem Kopf zusammen: »Dann lieber Fußball.«
Fritz Szepan war technisch damals schon ein glänzender Fußballer. Er konnte zwar nicht so artistisch dribbeln wie Ernst Kuzorra, obwohl der damalige Gelsenkirchener Oberfummler Michel Gogalla von der »gelben Gefahr« sein Vorbild war, aber er hatte einen besseren Blick für die Spielsituation und konnte schon als Jugendlicher eine ganze Hintermannschaft mit einem Paß aufreißen. Als die Schalker Jugend ein Spiel irgendwo in Altenessen auszutragen hatte, hörte Fritz Szepan bei der Ankunft ein kurzes Gespräch der Gegner: »Auf den Schimmel, da müssen wir aufpassen.«
Der »Schimmel«, das war er mit seinen weißblonden Haaren. Fritz Szepan staunte: »Wenn du hier schon so bekannt bist...«
In erster Linie auf Betreiben des gerade zwanzigjährigen Ernst Kuzorra kam Fritz Szepan mit 18 Jahren in die erste Mannschaft von Schalke 04. Die Situation ist typisch. Kuzorra, selbst noch reichlich jung, war dennoch in seiner Mannschaft der maßgebende Mann. In puncto Fritz Szepan stieß er allerdings auf heftigen Widerstand.

»Ärnz, watt willze mitti lahme Krücke.« Aber Kuzorra hatte einen untrüglichen Blick für fußballerisches Können, er sah sofort, wie glänzend sich Szepan in die Mannschaft einbauen ließ — und er hatte recht. Damit hatte der Kreisel, das Schalker Spielsystem des kurzen Passes auf den besser stehenden Mann, welches, in Vollendung betrieben, später Hunderttausende in helle Begeisterung geraten ließ, seine Geburtsstunde gefunden.

Nun darf man nicht den Fehler machen, daß nur Kuzorra und Szepan die Begründer der emporsteigenden Meistermannschaft waren. Schalke 04 verfügte damals schon über eine großartige Bank an erstklassigen Könnern. Man merkt es an den Namen der Spieler, die in jenen Jahren schon in die Gelsenkirchener Stadtmannschaft oder in die Bezirksklassenauswahl berufen wurden. Gegen die Stadtmannschaft Essen spielten 1921 die Schalker Student, Lütterforst, Zurawski, Wendt und Fred Ballmann. Die Gelsenkirchener verloren allerdings 2 : 9. 1922 waren es gegen den gleichen Gegner Ballmann, Wendt, Ferkau und Kirstein, man verlor nur 0 : 2. Das Spiel 1923 mit Kirstein und Ferkau von Schalke wurde 4 : 2 gewonnen. Beim Städtematch Bochum gegen Gelsenkirchen stand erstmals als Gelsenkirchener Schlußmann der lange Sobottka im Tor, der von da an für viele Jahre Gelsenkirchens Torwart Nr. 1 war, und der, bis später Mellage von Münster zu Schalke wechselte, das Schalker Tor ganz vorzüglich bewachte. Beim Städtespiel Gelsenkirchen gegen Essen am 6. 9. 1925 stand zum erstenmal Ernst Kuzorra in der Gelsenkirchener Auswahl — und mit ihm, immer ein Zeichen für die wachsende Spielstärke von Schalke 04, die halbe Mannschaft: Sobottka, Wendt, Kirstein, Czerwinski, Student. Die Auswahl gewann 5 : 3. Vorbedingung für das System, dem sich die Schalker immer mehr verschworen, war eben, daß die ganze Elf darauf eingestellt war. Kuzorra und Szepan waren zwar die Meister des ständig wechselnden Kurzpasses, aber die andern machten mit, den Gegner ständig zu narren und zu täuschen. Viel, viel später nannte man dieses System »den Kreisel«, wo der Ball zwischen den Spielern so schnell wechselte, daß der Gegner gar nicht wußte, welchen Stürmer er decken sollte. Ergebnis war meistens, daß die gegnerischen Verteidiger so gehetzt wurden, daß ihnen die Luft ausging, und nichts verärgert mehr, als ständig genarrt und gefoppt zu werden.

»Wir sind zwar immer gelaufen, aber nie gerannt«, sagte Ernst Kuzorra später. Kam der Kreisel richtig zum Tanzen, so war der Gegner hoffnungslos verloren. Man hatte immer das Gefühl, als wenn mehr Schalker Spieler auf dem Platz waren als Gegner. Aber wie gesagt, der Mitspieler mußte den Trick kennen. So findet man eine bemerkenswerte Kritik über die traditionsreiche Begegnung Westdeutschland gegen Ostholland im November 1925, als Kuzorra zum erstenmal in die westdeutsche Mannschaft berufen worden war. Westdeutschland gewann zwar auf verschlammtem Platz in Essen 3:0, aber das Spiel muß nicht sonderlich gut gewesen sein. Und da steht folgender Satz: »Kuzorra war zwar der beste Spieler, aber das konnte sich nicht auswirken, weil seine Nebenleute auf sein Spiel nicht eingingen.« Das war's eben, wenn nur ein oder zwei Mann kreiseln, so ist dieses System wirkungslos. Die ganze Mannschaft muß sich darauf verstehen. Aber dann ist dieses verteufelte System so publikumswirksam wie kaum ein zweites. Das Volk war hellbegeistert und wurde in diesen Jahren von Spiel zu Spiel begeisterter. Mit Lokalpatriotismus sind die Schalker Erfolge nicht zu erklären. Natürlich war der Kreisel ein Spielsystem, dem man ohne Zweifel nicht nur großes Können, sondern eine ganze Menge Witz und Spielintelligenz unterstellen durfte, und eben diese Überlegenheit gefiel der Schalker Bevölkerung. Man schwelgte deshalb so für diese Mannschaft, weil es trostvoll war, sich mit dieser Überlegenheit zu identifizieren: »Diese Spieler da, das sind genauso arme Arbeiterkinder wie wir, genauso arme Leute, die tun müssen, was andere ihnen vorschreiben — aber es gibt eben Gebiete, auf denen arme Arbeiterkinder dem Stehkragen himmelhoch überlegen sind.« Dieser Satz ist zwar nie ausgesprochen worden, aber der kleine Schalker Mann hatte das Gefühl, daß es Ventile für sein schweres Leben geben kann. Und deswegen seine immer stärker werdende — nach außen und innen — Begeisterung für die junge Mannschaft.

Es war überhaupt die Zeit, wo man nach dem Krieg, nach Hunger, Inflation, wirtschaftlicher Unsicherheit, nach Franzosenzeit und Hader und Haß nach Auswegen suchte. Es war die Zeit einer gewissen Leichtlebigkeit. Was gewesen war, das wollte man vergessen, der Schieber, der Jimmy und die Jimmyschuhe waren bereits halbwegs überwunden, der Charleston kam auf, »Ausgerechnet Bananen«. Die junge Herrenwelt trug Spazierstock und im Sommer Strohhut, und dazu noch Schalke 04, erst um Gelsenkirchen herum, später auf Essen, Bochum und Dortmund übergreifend. »Königsblau« — wer überhaupt diese Farbe erfunden hat, ist nicht festzustellen, aber königsblau paßte zu dem Schalker Bild. Schalke 04 hat immer auf einen tadellosen Dreß wert gelegt — königsblau, dazu ein sattgrüner Rasen, ein gelber Ball, auch diese kamen damals auf, und nach Möglichkeit Sonne und Wärme, dann trat sich der Gegner, ausgetrickst und wie die Känguruhs gehetzt, zur Freude der Schalker Anhänger auf die Zunge.

Und saftige, volle Tore, glänzend herausgespielt, meisterhaft getreten, da man ja immer beim Torschuß in bester Position stand. In besagter Kritik über das Spiel Westdeutschland gegen Ostholland steht der Satz: »Ein Bombenschuß von Kuzorra bringt lediglich den Torpfosten zum Wanken.« Tore wußten die Schalker zu schießen. Kein Wunder, daß an diesem etwas leichtsinnigen, aber herrlichen Fußball das Volk sich begeistern konnte.

Dennoch, schon damals stellte sich heraus, daß der Kreisel verwundbar war. Ein knochenharter, wuchtiger Gegner konnte den Kreisel wie eine Seifenblase platzen lassen. Typisches Beispiel dafür war das Spiel der Düsseldorfer Fortuna, Schalkes sich langsam herausbildender Erbfeind. »Wir fürchten nur die Fortuna, sonst niemanden«, hat Fritz Szepan später einmal gesagt, und das Spiel der Fortuna war auch geeignet, dem Kreisel das Fürchten beizubringen. Die Düsseldorfer spielten ein ganz anderes System als die Schalker. Die Fortuna hatte mit Kobierski und Albrecht zwei schnelle Flügelstürmer, die sich den Teufel um den Kreisel kümmerten, wenn sie am Ball waren. Sie rasten die Linie ungestört hinunter, um eine Flanke gefährlicher als die andere einzubringen — außerdem hatte die Fortuna in dem Glatzkopf Bender und dem Verteidiger Paul Janes — der später Deutschlands Rekordinternationaler wurde — zwei Spieler, die auf keinen Trick hineinfielen und blitzschnell dem Gegner in die Parade fuhren. Dann trat das ein, was oft genug eingetreten ist: Schalke 04 »starb in Schönheit«.

Erst einmal war mit dem Spieljahr 1925/26 der Neue Weg, die Aufstiegssperre gefallen. Die höchste Spielklasse des Westdeutschen Spielverbandes war die Bezirksklasse, die Auslese aller Vereine aus den einzelnen Bezirken. Schalke war demgegenüber zweitklassig, erreichte aber bereits in der ersten Saison punktgleich die Spitze zusammen mit dem STV Horst-Emscher, den »Emscherhusaren«. Das Entscheidungsspiel gegen diesen alten Gegner gewann man mit 3:1 — zum Aufstieg in die Bezirksklasse brauchte man nur einen Sieg über den Spitzenreiter der Essener Gruppe, Sportfreunde Essen 07. Am 4. April 1926 gelang mit 2:1 dieser Sieg. Schalke 04 war erstklassig und gehörte damit zur besten deutschen Fußballklasse.

Aber in dieser Zeit hatte sich Schalkes allergrößtes Wunder vollzogen. Ohne jeden Zweifel verfügte der Verein über zwei der größten Begabungen, die der deutsche Fußball jemals gehabt hat: Ernst Kuzorra und Fritz Szepan. Das war schon in jenen Jahren bekannt — 1925 spielte Ernst Kuzorra, zwanzigjährig, bereits in der westdeutschen Auswahl. Er arbeitete noch unter Tage und Fritz Szepan war Installationsschlosser bei »Küppersbusch«, also nach wie vor arme Schlucker, wenn sie sich auch um Freibier und um ein gutes Abendessen nicht mehr zu sorgen brauchten. Schalke 04 war ein, wenn auch aufstrebender, immerhin kleiner Verein. So wie heute und zu allen Zeiten wurden junge Talente überall gesucht. Daß es für diese beiden selbstverständlich war, bei ihrem kleinen Verein zu bleiben, das hat es eigentlich in der deutschen Fußballgeschichte noch nie gegeben. Die Norm war damals wie heute, daß gute junge Spieler von den großen Vereinsmanagern weggelockt wurden. Man gab sich zwar auf dem Papier als strenge Amateure, aber bessere Stellungen, bessere Bedingungen, bessere, gut bezahlte Druckposten den jungen Talenten anzubieten und sich damit den großen Mannschaften einzureihen, das war auch damals schon an der Tagesordnung. Kuzorra und Szepan hatten bestimmt keine leichte Jugend hinter sich, die Beschränkung war ihr ständiger Begleiter gewesen. Sie mußten jeden Morgen um fünf aus den Federn, und wenn ihnen auf den Arbeitsplätzen auch möglichst günstige Bedingungen eingeräumt wurden, die Maloche blieb. Sie hätten es schlagartig besser haben können, aber sie verzichteten darauf. Es gab da wohl einige Gespräche mit den großen Gelsenkirchener und Dortmunder Vereinen, aber sie lehnten ab. Die Verbindung mit der alten Truppe, mit der Kameradschaft ihrer Jugendfreunde war ihnen wichtiger. Hier eigentlich liegt der Grund für den kometenhaften Aufstieg von Schalke 04. Die beiden fühlten sich nach wie vor dem unfreundlichen Industrie-Ort Schalke verbunden und blieben dort, wo sie geboren und groß geworden waren.

Dies sei Anlaß für einige sozialkritische Anmerkungen. Die Arroganz der deutschen Halbbildung sieht auch heute noch mit stiller Verachtung auf jene Leute herab, die zum Fußballplatz gehen. Das wäre eines gebildeten Menschen unwürdig. Man habe Goethe und Kafka zu lesen. Nun ja, was hat der kleine Mann im Industrie-Ort von Goethe und Kafka? Um diese zu verstehen, muß man im allgemeinen höhere Schulbildung genossen haben — und die fehlte ihm damals noch mehr als heute.

Aber ein jeder Mensch hat das Naturrecht auf »Unterhaltung«. Was Abseits und ob ein Elfmeter berechtigt ist, das verstand der Arbeiter und konnte es beurteilen. Seine moralischen und ethischen Qualitäten werden dadurch überhaupt nicht betroffen, damit bleibt er vor der Gesellschaft genauso wertvoll wie die Leute mit Theater-Abonnement oder mit Visitenkarten. Denn schließlich kann man es ruhig aussprechen: Daß gutes Fußballspielen nur Sache der Beine ist, dieser dumme Vorwurf dürfte wohl überwunden sein. Es gehört auch im guten Fußball Intelligenz dazu, und hier bestehen Spieler wie Kuzorra und Szepan auf ihrem Gebiet mit dem gleichen Anspruch etwa wie Ingeborg Hallstein oder Hermann Prey vor der Muse.

Das ist eben das soziale Verdienst von Schalke 04 im Ruhrgebiet, daß der Verein das Anrecht auf echte Unterhaltung dem kleinen Mann erfüllt hat. Bis zum Mittwoch unterhielt sich der Kumpel unter Tage genauso wie der Stahlarbeiter vor der Bessemerbirne über das Fußballspiel, welches er am Sonntag gesehen hat, und vom Donnerstag bis zum Samstag über das, welches er am Sonntag sehen würde, besonders darüber, »wie datti beiden, dä Ärnz Kuzorra un dä Frizz Szepan, die Blöötmänner fon den andern Faein am laufen kriegen«. Und darüber fühlten der Bergmann und der Stahlarbeiter eine echte Beglückung. In der schottischen Stadt Glasgow kennt man den »Glasgow-Roaring«, den übersteigerten Einsatz der Zuschauer-Stimmkraft für die beiden Mannschaften Celtic Glasgow und Glasgow Rangers. Aber der eine Verein hat seine Anhänger im evangelischen, der andere im katholischen Teil der Glasgower, so brüllt man eben hie für die reine Lehre und dort für den Heiligen Vater. In Schalke war es anders, man legte seinen ganzen gesellschaftlichen Protest in die Überzeugungskraft des Beifalls für den Kreisel und das wirklich großartige Spiel der Schalker Mannschaft.

Jedenfalls war Schalke 04 in der höchsten deutschen Spielklasse, der Neuling unter den Vereinen des Ruhrbezirks. Und dieser Neuling schlug sie alle, die damals den Ruhrbezirks-Fußball beherrschten. Ungeschlagen — nur zwei Spiele lauteten unentschieden — beendete man die Spielzeit. Mit über zehn Punkten Vorsprung vor dem zweiten, Union Gelsenkirchen, beendete man die Saison. Damit hatte man die Berechtigung, an der westdeutschen Meisterschaft teilzunehmen.

Die westdeutsche Meisterschaft, das war damals was. Der Westdeutsche Fußballverband pflegte als vornehmster und konservativster Verband des Deutschen Fußballbundes eine gediegene »Splendid Isolation«. Kein westdeutscher Fußballspieler vermochte über den Westdeutschen Fußballverband hinauszublicken. Die großen Vereine im Reich, allen voran der 1. FC Nürnberg, dann aber auch Fürth, Bayern München, auch der Hamburger SV und die Berliner Hertha, das war unerreichbarer Fußballhimmel. Der Wettbewerb im Westen fand seine Genugtuung und sein erreichbares Ziel im Westdeutschen Meister.

Aber in diesem Wettbewerb traf sich alles, was seit alters her im Westen einen Namen hatte, voran der Duisburger Spielverein, der sogar einmal vor Jahren das Endspiel zur deutschen Fußballmeisterschaft erreicht hatte, in diesem Endspiel — 1913 in München gegen den VfB Leipzig — aber sang- und klanglos 1:3 verlor. Das war der »ewige Zweite« Schwarz-Weiß Essen, das war der VfR Köln, wechselseitig mit Köln 99, das war Arminia Bielefeld mit dem wuchtigen Metzgermeister Claus-Oehler, das war vor allem die Düsseldorfer Fortuna neben einer ganzen Reihe von Vereinen, die damals im Westen eine Rolle spielten. Wie dem auch immer sei, zu diesen Großen gehörte jetzt auch der Neuling Schalke 04, den die andern halb mitleidig, halb mißtrauisch betrachteten.

Bei Schalke selbst hatte man zunächst in dem früheren Mittelläufer des Duisburger Spielvereins, Ludewig, einen fortschrittlichen Trainer gefunden, der neben der Ballarbeit Lauftraining und Gymnastik aufs Trainingsprogramm setzte. Für die Geschichte Schalkes ist noch zu berichten, daß mit der Gastwirtschaft Thiemeyer am Schalker Markt ein neues Vereinslokal gefunden wurde. Mutter Thiemeyer wurde genauso populär wie Papa Unkel. Die alte Dame hat zwar viel für die Schalker Mannschaft getan, per saldo aber auch ein recht gutes Geschäft gemacht. Alle Schalker Trophäen, zuletzt über mehrere Jahre lang die Viktoria, die Siegertrophäe für den deutschen Fußballmeister, wurden hier aufgestellt — jene Viktoria, die zwar ein beeindruckendes Symbol war, deren künstlerischer Wert aber kaum im rechten Verhältnis zu ihrem sportlichen stand.

Jedenfalls, der Neuling Schalke, der als größtes Plus neben seiner neuartigen Spielweise die Tatsache für sich verbuchen konnte, daß mittlerweile sich der ganze Kohlenpott für ihn interessierte, unterstand sich, in der westdeutschen Meisterschaft sein Debüt zu geben. Man unterstellte ihm sogar einen ähnlichen Siegeslauf wie in seiner ersten Ruhrbezirks-Meisterschaftssaison. Aber leider wachsen auch im Fußball die Bäume nicht in den Himmel, oder besser gesagt — Gott sei Dank. Die sieben Meister der Bezirke des Westdeutschen Spielverbandes stellten sich diesem Wettbewerb, es wurde in einfacher Runde auf neutralen Plätzen im Punktesystem gespielt. Um die Verhältnisse der damaligen Zeit noch einmal kurz festzuhalten: Für den Bezirk Niederrhein der Duisburger Spielverein, für den Bezirk Ruhrgebiet Schalke 04, für den Bergisch-Märkischen Bezirk Fortuna Düsseldorf, für den Bezirk Hessen-Hannover Kurhessen Kassel, für den Westfalen-Bezirk Arminia Bielefeld, für den Bezirk Mittelrhein CfR Köln und für den Bezirk Südwestfalen Hagen 05.

Mit dem CfR Köln in Oberhausen ging es los. Schalke kann mit Hängen und Würgen 3:2 gewinnen. Einen Sonntag später erscheint auf dem Platz der Gelsenkirchener Union Arminia Bielefeld. 30 000 Zuschauer standen hinter Schalke, mehr gingen beim besten Willen nicht auf den Platz. Mit 3:0 hatte Schalke am Schluß seinen zweiten Sieg in der Tasche, aber bei Bielefeld bestach weniger der schußgewaltige Claus-Oehler, sondern der elegante Mittelläufer Kurt Otto, der später für Schalke als Trainer so wertvoll war.

In Bochum blieb dann gegen Kassel mit dem berühmten Verteidiger Weber mit 2:2 ein Punkt hängen. Aber dann kam das Pech in der Wedau, im Duisburger Stadion, damals mit einem Fassungsvermögen von 50 000 Zuschauern das größte im Westen, gegen den Duisburger Spielverein. Und dieses Stadion war bis auf den letzten Ast der frisch gepflanzten Platanen übersetzt, die Absperrungskette der Polizei und der Platzordner wurden überrannt. Es war von den Zuschauern her der größte Tag, den der westdeutsche Fußball damals erlebt hat. Der ruhmreiche, besonnene, erfahrene Altmeister gegen die neuen, durch ihren Siegeslauf im Ruhrgebiet schlagartig berühmt gewordenen Himmelstürmer mitten aus dem Kohlenpott. Schiedsrichter war der lange, hagere Dr. Peco Bauwens, später Präsident des DFB, auch auf dem Feld ein echter Kavalier, der er im Privatleben war.

Der Duisburger Spielverein hat allerdings seine besten Zeiten hinter sich. Die Gebrüder Fischer spielen nicht mehr, und bei Duisburg weiß man genau, daß man nur mit letztem Einsatz gewinnen kann. Der junge Sackenheim erzielt auch das 1:0 für Duisburg. Aber dann läuft der Kreisel, zwei Tore von Kuzorra bringen die verdiente Führung. Jedoch die Schalker Verteidigung, leichtsinnig geworden im Glanz des Kreisels, läßt das 2:2 zu, und plötzlich verhängt Dr. Bauwens einen Elfmeter gegen Schalke. Diese Entscheidung nimmt man heute noch in Schalke übel — bis auf einen, den alten Torwart Sobottka. Der Duisburger Mittelläufer Gruber schießt wuchtig aufs Tor, aber nicht plaziert genug — wie so oft hat Sobottka den Elfmeter gehalten. Er war damit der Held dieser Meisterschaft.

Das letzte Spiel in dieser ersten Runde um die westdeutsche Meisterschaft wird gegen die Fortuna in Düsseldorf auf dem Platz von Düsseldorf 99 ausgetragen. Was die Massen der Zuschauer betrifft, so ging der ganze Bretterzaun in die Brüche. Schalke mußte gewinnen, um ein Entscheidungsspiel gegen den Duisburger Spielverein zu erzwingen. Aber dieser Sieg gelang nicht. Die Fortuna hatte das Rezept, den Schalker Kurzpaß zu bremsen. Zweimal gehen die Düsseldorfer in Führung, bis Schalke den Ball unter die Kontrolle des Kreisels bringt und 3:2 in Führung liegt.

Das Spiel endete schließlich 4:3 für die Fortuna. Schon damals war Schalkes verwundbarste Stelle die Verteidigung. Wenn vorn gekreiselt wurde, dann wurde sie leichtsinnig. Aber was heißt hier leichtsinnig: Für jeden Verteidiger war es schwer, hinter dem Schalker Sturm zu spielen. Das Spiel des eigenen Sturms bot auch für die eigene Abwehr so viele Überraschungen, daß man sich nicht immer darauf einstellen konnte. Man vertrat noch den Standpunkt, daß die Verteidigung hinten aufzupassen habe, während vorn der Sturm die Tore schießt. Eine zweckmäßige Verbindung zwischen Angriff und Abwehr, wie sie heute selbstverständlich ist, gab es nicht. So ließ die Abwehr den Sturm nach vorn reisen, rückte zwar auf, soweit man es verantworten konnte — und war überspielt und zugleich überrascht, wenn die gegnerischen Stürmer einmal die Chance hatten, durchzubrechen. Schalke 04 hat zwar immer eine ganze Menge Tore geschossen, aber auch reichlich, damals in den Jahren der Mannschaftsformung und später, kassieren müssen.

Immerhin durfte man als des Westens zweiter an den Spielen um die deutsche Fußballmeisterschaft teilnehmen. Der Süden und der Westen als die stärksten durften drei, alle übrigen Landesverbände zwei Vertreter stellen. Es wurde im K.-o.-System gespielt, der Verlierer schied aus. In Dortmund traf man auf München 60, und es schien fast, als wenn es wieder so etwas wie einen Siegeszug geben sollte. Szepan köpft zum 1:0 ein, aber das war auch alles. München 60 gewann 3:1, der erste Anlauf zu im Westen völlig unbekannten Meisterehren war gescheitert.

Die nächsten Jahre zeigen bei Schalke zwar keine Stagnation, aber vorerst auch keine Steigerung. Über den überraschenden Höhenflug der Aufstiegszeit kam man nicht

Der Gegner bekommt das Fürchten: Zum erstenmal Ruhrgebietsmeister. Neben Papa Unkel (ganz links) stehen: Huppertz, Thelen, Kirstein, Student, Szepan, Sobottka, Kuzorra, Jaczek, Zurner, Rothardt, Wendt und der Mannschaftsbetreuer Neumann.
Foto: Archiv Schalke

weiter. Man hatte am Schalker Markt erkannt, daß eine wirkliche Meistermannschaft Jahre bis zur Vollendung braucht. Herausragend waren nur Kuzorra und Szepan, über dem Durchschnitt noch der Torwart Sobottka — der aber langsam in die Jahre kam —, der krummbeinige Mittelläufer Jaczek und der kleine Rothardt auf Linksaußen, alle anderen Spieler eigentlich nur guter Durchschnitt. So probierte man aus dem großen Angebot der eigenen Jugend eine ganze Reihe von Spielern aus, ohne aber damit vorerst Erfolg zu haben. Im Sturm war immer noch der alte Kirstein zu gebrauchen, daneben versuchte man es mit Thelen, Ebert, Simon, Dimmeck, Huppertz. Nur Simon und Huppertz schienen einiges zu versprechen, genauso der eiserne Valentin in der Läuferreihe, aber der war auch nicht mehr der jüngste. Student, Rodner, Kampmann, Badorek, Böcke — gerade an der Hintermannschaft wurde am meisten herumgebastelt.

Man machte zwar 1927/28 wieder das Rennen ohne Gefahr in seiner Gruppe, in der Ruhrliga, hatte aber schon schwere Mühe, den Essener Konkurrenten Schwarz-Weiß im Ausscheidungsspiel um die Ruhrbezirks-Meisterschaft auszuschalten. Noch schlimmer wurde es beim Start zur westdeutschen Meisterschaft. Es gab empfindliche Niederlagen, 1:2 gegen Preußen Krefeld, bis im Duisburger Stadion der sogenannte »schwarze Tag« kam. Man hatte Köln-Sülz 07, den Vorgänger des heutigen 1. FC Köln, zum Gegner, und bei diesem bewies es sich, was ein guter Trainer aus einer begabten Elf machen kann: Köln-Sülz wurde von dem früheren Mittelstürmer der Wiener »Amateure«, Ferdl Swatosch, trainiert, und der Wiener ließ seine Leute einen Walzer tanzen, gegen den der Kreisel primitiv wirkte. Mit 7:2 wurde Schalke geschlagen.

Immerhin war man dritter in der westdeutschen Meisterschaftsrunde, und nachdem man den Sieger der Ausscheidungsrunde der »Zweiten« — das ganze Fußballsystem war damals reichlich umständlich — wiederum Schwarz-Weiß Essen mit Ach und Krach mit 2:1 ausgeschaltet hatte, durfte man auch in diesem Jahr wieder an den Spielen der deutschen Meisterschaft teilnehmen.

Kurt Otto kommt

Aber wiederum erlebte man, daß der ganz große Fußball doch etwas höhere Anforderungen verlangte als mit Eleganz und Kreisel die Ruhrgebiets-Vorort-Vereine an die Wand zu spielen. Man mußte nach Hamburg zum HSV, und ehe die Schalker überhaupt wußten, wie ihnen geschah, hatten sie vier Tore im Laden. Die Hamburger Hintermannschaft mit Blunck, Baier, Risse, Lang, Halvorsen und Carlsson scherte sich den Teufel um die Klein-Klein-Spielerei des Kreisels, außerdem spielte im Hamburger Sturm der frühere Essener Franz Horn, der die Schalker genau kannte. Immerhin spricht es für den Schalker Sturm, daß sie den Hamburger Abwehrriesen zum Schluß noch zwei Tore verpaßten.

Allgemeines Fazit: Ganz nett, was Schalke bislang geleistet hat, es ist auch durchaus anzuerkennen, wie sie sich aus einem völlig unbekannten Industriegebietsverein nach vorn gearbeitet haben, damit auch ab und zu ihr Name in den Zeitungen stehe — aber zu mehr langt's nicht. Typisch westdeutsch, so kalkulierte man im großen deutschen Fußball, über die Verbandsgrenzen hinaus langt es nicht. Von dort droht uns nach wie vor keine Gefahr. Schalke ist gekommen und wird gehen, wie alle Westdeutschen gekommen und wieder gegangen sind — Eintagsfliegen.

In Schalke selbst war man sich dieser Situation ebenfalls bewußt. Wenn man mehr wollte als ein Durchschnittsverein im Ruhrgebiet zu sein — man fühlte sich anscheinend auch stark genug dazu —, dann mußte die Mannschaft nach innen verstärkt werden. Man war sich auch darüber klar, daß man gute Spieler aus anderen Vereinen holen mußte, wenn die eigenen Reihen keine Klasse-Leute herausbrachten. Vor allem sah man sich bei den kleinen Randvereinen um. Der Zulauf der Jugend an der Emscher zu Schalke 04 war zwar groß, aber diesem Trend mußte man wie die übrigen Großvereine im Westen nachhelfen.

Vor allen Dingen brauchte man einen anderen Platz. Der Aschenplatz an der Grenzstraße mit dem Holzzaun und den primitiven Umkleidekabinen langte schon längst nicht mehr. Und da man in Schalke seit eh und je hoch hinauswollte, sollte es kein Fußballplatz mehr sein, sondern ein Stadion mit Aschenbahn, Umkleideräumen, sanitären Anlagen und einer Tribüne. So schuf man sich die Glückauf-Kampfbahn. Den Platz überließ die »Consolidation« in Erbpacht, wie überhaupt die Zeche nunmehr über Steiger und Obersteiger bis in die höchsten Spitzen, bis zu den Herren Bergassessoren gut königsblau geworden war. Die Stadt Gelsenkirchen half nach Kräften, denn man wollte natürlich kommunalerseits von dem jungen Ruhm der Schalker Mannschaft ebenfalls profitieren. Schalke gewährte der Stadt als Dank dafür die Gnade, sich nunmehr Gelsenkirchen-Schalke 04 zu nennen, obwohl dieses wenig Zweck hatte. Kein Mensch sprach von Gelsenkirchen-Schalke 04, sondern Schalke 04 blieb Schalke 04.

Die Finanzierung war natürlich, wie es dem Spielsystem entsprach, ein wenig leichtsinnig, und Willi Nier, Obmann der Finanzkommission, mußte mit dem Vereinskassierer Rainer Lütterforst schon einige Eier-

Weihe der neuen Glückauf-Kampfbahn. Die Mannschaften ziehen ein. Hinter der Fahne erkennt man Szepan und Kuzorra.
Foto: Archiv Schalke

Willi Nier, Schalkes Finanzchef. Er brachte die Gelder für die Glückauf-Kampfbahn zusammen. Als die Schalker Mannschaft später zu Berufsspielern erklärt wurden, nahm er sich das Leben. Foto: Archiv Schalke

tänze riskieren, um über die Runden zu kommen. Lütterforst unterschrieb sogar die Wechsel auf den eigenen Namen bezogen, sie wurden von Spiel zu Spiel, wenn die Einnahmen flossen, verlängert und auf die Restsummen neu ausgestellt. So spielte die Mannschaft den Verein von Sonntag zu Sonntag auf eine bessere finanzielle Basis. Am 29. August 1928 wurde die Glückauf-Kampfbahn mit Männerchören und Brieftauben, mit Reden und Aufmärschen der Aktiven eingeweiht. Ein Flieger warf den Ball zum Freundschaftsspiel gegen die Berliner Veilchen, die berühmte Tennis-Borussia Berlin, ab, und nachdem man diese 3:2 geschlagen hatte, schien Schalke 04 in jeder Beziehung gewappnet.

Man hatte in vier Jahren erreicht, was ein Westverein haben konnte, man gehörte zu den Großen im Westen, man stellte immerhin 16 Mannschaften (einschließlich Jugend natürlich) ins Feld und besaß eine ganz beachtliche Leichtathletik-Abteilung, man hatte sein sehr treues Publikum, welches auch bei Niederlagen eher in Kummer als in Hohn ausbrach, einen repräsentativen Vereinsvorsitzenden in Papa Unkel, eine gute Altherrenmannschaft, eine hervorragende Presse und seinen Stammtisch der »Upper Schalker-Ten« links von der Theke bei Mutter Thiemeyer. Wie gesagt, man war was Besseres. Aber man war bei weitem noch nicht das Beste.

Inzwischen hatte man als Trainer den früheren Spieler von Arminia Bielefeld, Kurt Otto, verpflichtet, und alle alten Spieler von Schalke 04 sind sich heute noch darüber einig, daß Otto nach Bumbas Schmidt, der später noch eine große Rolle spielen sollte,

Professor Dr. Nerz (rechts) im Gespräch mit Fritz Szepan bei einem Lehrgang in Berlin. Nerz war ein Fanatiker des »System«-Spiels. Als bei den Olympischen Spielen sein »System« nicht klappte, mußte er als Betreuer der Nationalelf den Hut nehmen.
Foto: Archiv DFB

der beste Trainer war, den man je gehabt hat. Otto, von Hause aus drahtig mit dem Hang zum eleganten, flüssigen Spiel, brachte dem Kreisel den letzten Schliff bei. Er trimmte ihn auf Schnelligkeit und baute ihn über die ganze Mannschaft aus. 1928 wurde Kuzorra zum Olympia-Kader berufen. Zu den Olympischen Spielen 1928 in Amsterdam war Deutschland zum erstenmal nach dem Weltkrieg wieder zugelassen. Kuzorra machte zwar die beiden Trainingsspiele gegen den schottischen Sparringspartner Cowdenbeath mit, wurde aber in Amsterdam nicht eingesetzt. Vielleicht zu seinem Glück, denn das Fußballturnier brachte die Tragikomödie des Spiels gegen Uruguay, bei dem drei deutsche Spieler, unter anderem der Nürnberger Mittelläufer Kalb, vom Platz gestellt wurden. Die Urus brachten eine so großartige Liste von bisher nicht bekannten Fouls mit, daß unsere Spieler in Weißglut gerieten und nach deutscher Art zurückschlugen. Einer der beliebtesten Tricks der Urus war zum Beispiel, beim Kopfballsprung nach dem hohen Ball dem Gegner ins Gesicht zu spucken, ganz abgesehen von den »unbeabsichtigten« Abrutschern über das Schienbein des Gegners. Die deutsche Elf schied aus.

Bundestrainer war damals Otto Nerz, ein Mann mit Brille und glänzender Theorie. Ernst Kuzorra nennt ihn heute einen großartigen Fußballehrer. Nerz versah daneben das Amt des Fußballehrers an der Deutschen Hochschule für Leibesübungen in Berlin, machte seinen Doktor und wurde später zum Professor ernannt, ein Zeichen dafür, daß der Fußball immer hoffähiger wurde, wenn seine Lehre bereits einen Professor aushielt.

Schalker im Nationaltrikot

Kuzorra war der erste Schalker, der in die deutsche Nationalmannschaft berufen wurde. Am 23. September 1928 spielte er in Oslo gegen Norwegen. Die deutsche Elf, mehr zusammengewürfelt als eingespielt, verlor 0:2, die Kritiken waren schlecht. Die Mannschaft fand nicht zusammen. Acht Tage später gegen Schweden klappte es schon erheblich besser, man siegte 2:0, und die Kritiken über die deutsche Elf, Kuzorra eingeschlossen, waren erheblich besser.
Damals berief man die Nationalmannschaft nach der Papierform. Der Bundestrainer sah sich seine Schäflein an, soweit er konnte, verließ sich auf die Empfehlungen der Landesverbände und mußte zusehen, wie sich sein zusammengewürfelter Haufe zurechtfand. Für Schalke hatte aber dieses Jahr ein Gutes: Man kam in persönlichen Kontakt mit den großen deutschen Kanonen jener Jahre, man fand die Verbindung zu den Mannschaften, die im Reich den Ton angaben und eben den erstklassigen deutschen Fußball repräsentierten.
Das Jahr 1929, das Jubiläumsjahr, schloß eigentlich diese Epoche ab. Es war ein schweres Jahr, aber es brachte den ersehnten Titel des Westdeutschen Meisters. Damit hatte Schalke endlich einen Titel, den es sich auf seine Briefköpfe drucken lassen konnte, es reihte sich ein unter die Großen der westdeutschen Tradition. Aber der Weg war schwer genug. Auf dem Weg zur Ruhrgebiets-Meisterschaft leistete Schwarz-Weiß Essen heftigen Widerstand. In der Glückauf-Kampfbahn erreichten die Essener ein 0:0. Beim Rückspiel in Essen wird auch noch der Torwart Sobottka verletzt, alles schien verloren. Aber ein Strafstoß von Szepan kurz vor Spielende brachte den Sieg.
Aber weder die Fortuna noch die Kölner sind der große Widersacher in den anschließenden Kämpfen um die Westdeutsche. Das war diesmal der Meidericher Spielverein, wegen ihrer quergeringelten blau-weißen Trikots die »Zebras« genannt. In Oberhausen gelingt zwar ein 3:2-Sieg der Schalker, aber beim Rückspiel in der Essener Radrennbahn steht es am Ende 4:2 für Meiderich. Die »Zebras« verdanken in erster Linie diesen Sieg ihrem Mittelstürmer Krämer, einem Wirbelwind, der von der Schalker Hintermannschaft kaum gehalten werden konnte. Ein Entscheidungsspiel ist wieder einmal notwendig. Es steigt am Uhlenkrug in Essen. Schalke führt zwar 2:1, muß aber bis zum Schluß aufpassen, daß die Meiderichen ihnen nicht wieder einen Strich durch die Rechnung machen. Als die Schalker

Schalke ist kein Verein, Schalke ist eine Weltanschauung. Als Schalke am 12. Mai 1929 gegen Fortuna Düsseldorf in Duisburg mit 3 : 1 Westdeutscher Meister wurde, zog eine Gruppe von Anhängern mit einem Rollwagen nach Duisburg und wieder zurück.
Foto: Archiv Schalke

Spieler nach Hause kommen, zeigt die Schalker Bevölkerung zum erstenmal, wie sie jubeln konnte. Es war aber nur ein Auftakt. Später wurde es noch erheblich stürmischer.

Ein Freundschaftsspiel in jener Zeit gegen den 1. FC Nürnberg bewies aber einmal mehr, wo man wirklich mit seiner Fußballkunst stand. Selbstsicher und überlegen gewannen die Nürnberger 4 : 1. Auch in den Spielen um die anschließende deutsche Fußballmeisterschaft hatte der junge westdeutsche Meister nicht viel zu bestellen. Die »Wunderelf aus dem Westen« hatte

Die erste Jubiläumspostkarte: 25 Jahre FC Gelsenkirchen-Schalke. Man strahlt unter der Sonne der Westdeutschen Meisterschaft. Foto: Archiv Schalke

zwar zuvor den sächsischen Meister Wakker Leipzig in Leipzig mit 5:1 geschlagen, aber das hielt nicht vor. Der nächste Gegner war in Dortmund Hertha BSC mit dem besten Sturm, den eine Berliner Vereinsmannschaft auf die Beine gebracht hat: Ruch, Sobek, Fritsche, Lehmann, Kirsei.

Und wenn auch das Dortmunder Stadion fast auseinanderbrach, überfüllt mit Schalke-Anhängern aus dem ganzen Ruhrgebiet, es klappte nicht. Außerdem brachten die Berliner eine Härte mit, die den Schalkern damals völlig fehlte. Szepan und Jaczek wurden verletzt und mußten angeschlagen weiterspielen — zum Schluß hieß es 4:1 für die Hertha. Traditionsgemäß hatte der westdeutsche Meister seinen Traum von der deutschen Meisterschaft wieder einmal ausgeträumt. Man muß sich die Namen der Schalker Spieler, die jenes Spiel bestritten, merken: Sobottka, Neumann, Badorek, Böcke, Jaczek, Rodner, Dimmek, Szepan, Ebert, Kuzorra, Rothardt. Also viele Spieler, die 1924 beim ersten Auftreten Schalkes schon dabei waren. Langsam änderte sich das Gesicht der Mannschaft — und verbesserte sich ständig.

Schalke griff damit in den großen Fußball ein. Man versuchte mit Erfolg, die Großen zu Freundschaftsspielen in die Glückauf-Kampfbahn zu bekommen. Dabei lernte man — obwohl man immer noch geschlagen wurde — einiges dazu, aber es gab auch andere Gründe. Den Zuschauern wurden die Dauer-Siege gegen die Bezirksklassen-Gegner langsam zu billig, man wollte eben Gegner sehen, die die Schalker zu anderen Leistungen zwang — auch wenn sie verloren. Der Hamburger SV, Tennis-Borussia, Bayern München, Fürth, Dresdener SC — vor allem aber der 1. FC Nürnberg waren willkommene Gäste. Zu dem 1. FC Nürnberg hatte man so etwas wie eine Haßliebe. Man freute sich, wenn er kam, aber man war gegen die Nürnberger wie das Kaninchen vor der Schlange, man geriet in eine Art Hypnose und konnte sich gegen diesen Gegner kaum entwickeln — was später von Bedeutung sein sollte.

Außerdem wurden Szepan und Kuzorra langsam ständige Mitglieder der Nationalmannschaft. Oktober 1929 war Fritz Szepan zum erstenmal dabei, als man in Altona 4:4 gegen Finnland spielte. Bei der 0:2-Niederlage im März 1930 gegen Italien war Fritz Szepan von der Partie, Kuzorra zählte in beiden Spielen zu den Ersatzleuten. Immerhin schoß er bei dem 5:0-Sieg im Mai gegen die Schweiz in Zürich drei Tore und bei dem ehrenvollen Unentschieden 3:3 gegen England in Berlin Richard Hofmann neben ihm alle drei deutschen Tore.

Und schließlich taucht bei den vielen Spielern, die Schalke in dieser Zeit eingesetzt hatte, ein neuer Name auf: Hennes Tibulski. Er sollte die Reihe des Nachwuchses anführen, die langsam die alten verdienten Spieler ablöste und der Elf die Vollendung gab, die die überragenden Leute Kuzorra und Szepan brauchten, um sich langjährig zur mit Abstand besten deutschen Vereinsmannschaft zu entwickeln.

Zunächst begann das Spieljahr mit einer Neuordnung im westdeutschen Fußball. Der Gruppenmeister, der die Tabelle anführte — damals schuf man die Zehnerliga im Ruhrgebiet —, war auch sofort Ruhrbezirks-Meister. Schalke 04 schloß die Serie mit sieben Punkten Vorsprung vor Schwarz-Weiß Essen und einem Torverhältnis von 82:23 ab. Es war die Zeit der hohen Siege über die anderen Vereine der gleichen Klasse (TuS Werne 6:1, Alemannia Dortmund 7:0, Germania Bochum 5:0, STV Horst, der alte Emscher-Rivale, 8:2). Auch der westdeutsche Meister wurde in einem neuen Rhythmus ausgespielt, in zwei Gruppen wurden die Besten der Bezirksklassen ermittelt, diese spielten um den Titel des Westdeutschen Meisters. Das entscheidende Treffen gegen den VfL Benrath — in dem zwei hervorragende Spieler, Hohmann und Rasselberg, eine neue großartige Mannschaft ankündigten — stieg vor 35 000 Zuschauern in Gladbeck. Kuzorra schoß das goldene 1:0, und Schalke 04 war zum zweitenmal westdeutscher Meister. Zwischen Rhein und Ruhr war gegen den Kreisel nicht mehr anzukommen. Der Vorsitzende des Westdeutschen Fußball-Verbandes, Notar Jersch, überreichte auf der Siegesfeier im Hans-Sachs-Haus in Gelsenkirchen der Mannschaft die Meisterplakette.

Aber auch der zweifache westdeutsche Meister hat keinen Erfolg in den Spielen um die deutsche Meisterschaft. In Bochum wird zwar Arminia Hannover bei strömendem Regen 6:2 geschlagen — wobei der kleine Tibulski als Mittelstürmer zwischen Kuzorra und Szepan gar keine schlechte Figur macht —, aber dann muß man in Nürnberg antreten. Der Altmeister in den verwaschenen roten Hemden kennt keine Gnade und spielt in seiner bekannten, manchmal übertriebenen Härte auf. Zajons, immer ein wenig aufgeregt, revanchiert sich an einem Nürnberger. Er muß vom Platz. Badorek wird verletzt und kann nicht weiterspielen — mit neun Mann hat Schalke keine Chance, wie die Mannschaft auch vorher keine Chance gehabt hätte. Mit 2:6 geht das Spiel verloren.

Inzwischen ändern sich aber langsam die Zeiten, die Konjunktur läßt merklich nach, und die ersten Arbeiter-Entlassungen beginnen. Die Sicherheit des Arbeitsplatzes ist nicht mehr gegeben. Das politische Leben fängt an, sich zu radikalisieren. Im März 1930 ziehen 122 nationalsozialistische Abgeordnete in den Reichstag ein, auf der anderen Seite haben die Kommunisten den gleichen Zulauf. Die Regierung bemüht sich, über die Schwierigkeiten hinwegzukommen — und ausgerechnet zu dieser Zeit kommt der Donnerschlag, der Schalke 04 beinahe völlig in den Abgrund gestürzt und alle mühseligen Erfolge, die die Mannschaft bis dahin erreicht hatte, ausgelöscht hätte.

Die Sündenböcke

Am 25. August 1930 erklärte die Spruchkammer des Westdeutschen Spielverbandes 14 Schalker Spieler zu Berufsspielern und schloß acht Vorstandsmitglieder aus dem WSV aus. Natürlich hatten die Schalker Spieler Geld genommen, wieviel, das ist heute nicht mehr festzustellen. Aber zunächst einmal hatten die Spieler inzwischen mit den Großen im Reich so viel Kontakt, daß sie genau wußten, wie »der Hase lief«. Es deuchte ihnen Recht, was die Spieler aus Nürnberg oder Berlin oder Hamburg genauso billig taten, und zweitens kann ein junger Fußballspieler kaum einsehen, wo das Vergehen liegt, wenn ihr Können Sonntag für Sonntag Zehntausende von zahlenden Zuschauern auf die Plätze bringt, und er sich selbst ein Äquivalent für seine Kunst ausrechnen darf.

Heute behaupten zwar die Schalker Spieler, die Differenz wäre äußerst gering gewesen, fünf Mark Spesen habe ihnen zugestanden, zehn Mark hätten sie genommen. Mag auch immer noch mancher größere Schein unter der Theke bei Mutter Thiemeyer hindurchgereicht worden sein, gegen die Summen, für die heute die Fußballspieler auf den Platz laufen, waren es Lappalien.

Nun fiel der Verein Schalke 04 allerdings bei der Spruchkammer einem Erzengel des Amateurismus in die Hände, dem Mönchen-Gladbacher Paul Schröder. Er war sicher ein untadeliger Mann, der sehr viel für den Fußball, besonders für das Schiedsrichterwesen getan hat. Für den DFB war er im Bundesgericht tätig — aber er verkörperte den Prototyp des »Torstangenträgers«, also jener Leute, die zum Spiel selbst die Torstangen mitbrachten, und darauf stolz waren. Natürlich war dieses Prinzip in den Zeiten der festgebauten Plätze längst überholt, aber die alten und ersten Funktionäre des Fußballs betrachteten dies noch als eine heilige Tradition.

Es kommt noch eins hinzu: Außerhalb des Ruhrgebietes hatte Schalke selbst im Westen viele Gegner. Man verübelte es dem »Polacken- und Proletenklub«, wie Schalke in anderen Landschaften außerhalb des Ruhrgebietes in widerlicher Gehässigkeit oft genug genannt wurde, daß seine Spielkunst den westdeutschen Fußball repräsentierte. Also, es mußte ein Exempel statuiert werden. Man war fast froh, Schalke den Strick um den Hals legen zu können. Interessant dazu ist die Einstellung, die man in westdeutschen Kreisen grundsätzlich hatte. Das offizielle Organ stellte sich hinter einen norddeutschen Kommentar, der einen Bericht eines süddeutschen Fachblattes angriff. In diesem Kommentar wurde Josef Herberger wegen seines Wechsels zur Tennis-Borussia noch einmal über den grünen Klee gelobt. Darüber regten sich die Norddeutschen fürchterlich auf: »Es ist uns unverständlich, wie man einen Menschen derartig preisen kann, der durch die unangebrachte Gnade des DFB vom Berufsspieler wieder zum Amateur gemacht wurde.«

Jedenfalls war Sepp Herberger schon lange vor den Schalker Spielern zum Berufsspieler erklärt worden. Er ging nach Berlin zu seinem Freund Nerz, weniger um die Tennis-Borussia zu verstärken, als vielmehr um an der Sporthochschule sein Trainer-Examen zu bestehen. Herberger hat damals unter harten äußerlichen Umständen schwer an sich gearbeitet — und was hat Josef Herberger später für den deutschen Fußball geleistet! Nicht die Spieler waren die Sünder, sondern die Verbandsstellen, die die Problemstellungen nicht richtig begriffen und lieber an ihren veralteten Vorstellungen hängen blieben als neue Grundlagen für einen modernen Spielbetrieb zu erarbeiten.

In Gelsenkirchen und in der Umgebung war man über dieses gnadenlose Urteil entsetzt. Es war auch deswegen so dumm, weil man wieder einmal die Wirklichkeit an die Stelle der Wahrheit gesetzt hatte. Und dann passierte etwas Furchtbares: Willi Nier, der Finanzobmann von Schalke 04, ein peinlich korrekter Mann und ein guter Familienvater, glaubte, die Schande nicht ertragen zu können und beging Selbstmord. Er ertränkte sich in der Emscher.

Mit einer solchen Reaktion, daß ein untadeliger Mann sein Leben wegen eines Fußballvereins opfern konnte, hatte man beim WSV nicht gerechnet. Man war zwar betreten und fühlte sich auch nicht ganz frei von Schuld — zumal die Sympathien für Schalke 04 beim Westdeutschen Spielverband auch durchaus gut vertreten waren, aber man mußte eben das Gesicht wahren.

Am Schalker Markt protestierte man vergeblich. In erster Linie war es wieder Papa Unkel, der den Not-Vorstand anführte und auch die Spieler zur Raison brachte. Denn gerade diese wußten nicht, was sie tun sollten. Sie hatten sich zwar einem Berufs-Fußball-Verband angeschlossen und als »Meister des Westens« zwei Spiele ausgetragen (und gewonnen), aber die Sache war oberfaul. Für den Verein Schalke 04 kam es in erster Linie darauf an, den Platz in der obersten Spielklasse zu behalten. Die Reservemannschaft mußte ran, aber auch hier gab es Ärger als einige Spieler Bedingungen stellten. Selbst von den Alten Herren zogen etliche wieder die Fußballschuhe an. Der WSV wußte ebenfalls nicht genau, was er tun sollte, er schloß einmal den ganzen Verein Schalke 04 aus formalen Gründen aus dem Westdeutschen Spielverband aus, revidierte aber eine Woche später dieses Urteil. Und die Jungs auf der Straße sangen in Anlehnung an

51

einen damals aktuellen Schlager: »O Ernst Kuzorra, ich hab dich spielen gesehn, o Ernst Kuzorra, das war wunderschön!«

Die größte Gefahr drohte allerdings aus dem Ausland. In England gab es damals seit mindestens sechzig Jahren den Berufsfußball, und die Engländer hatten gute Erfahrungen damit gemacht. Ihre Vereine waren, so traditionsgebunden auch immer, Aktiengesellschaften, und es gehörte zum guten Ton in einer Londoner Familie, Aktien von »Arsenal« zu besitzen. Wer gut Fußball spielte, der verdiente auch gutes Geld. So sahen die Engländer durchweg guten Fußball. In Frankreich hatte sich das Profisystem ebenfalls durchgesetzt, genauso wie in Österreich, Ungarn und der Tschechoslowakei, also praktisch in den Städten Wien, Budapest und Prag, und das Wiener Scheiberl-Spiel war berühmt.

Da erschien eines Tages bei Fritz Szepan, als er gerade die Schuhe seiner Geschwister putzte, ein Herr Friedmann aus Wien und machte ihm und seinem Schwager Ernst Kuzorra das Angebot, für Admira Wien zu spielen: tausend Mark im Monat. Das war viel Holz und zum Beweis, wie wichtig Friedmann dieses Angebot nahm, drückte er Fritz Szepan 250 Mark in die Hand.

Für Kuzorra und Szepan wären damit alle Sorgen vorbei gewesen. Sie paßten mit ihrer Spielweise ausgezeichnet in das Wiener Scheiberl-Spiel, und kein Mensch hätte ihnen Vorwürfe machen können. Angesichts der immer größer werdenden Wirtschaftsnot in Deutschland hätte jeder wohl Verständnis für diesen Schritt gehabt. Es kam weiter hinzu, daß Kuzorra und Szepan Angebote aus Lille hatten, die eigentlich noch günstiger waren, aber diese hatten beide schon abgelehnt.

Fritz Szepan hatte also das Angebot des Herrn Friedmann und seine 250 Mark — wofür er sich sofort einen Anzug mit allem drum und dran kaufte — in der Tasche. Abends rief er den Notar Jersch in Bochum, den Vorsitzenden des Westdeutschen Spielverbandes an, und fragte ihn, ob Schalke in absehbarer Zeit damit rechnen könnte, begnadigt zu werden. Als Jersch diese Frage ohne alle Vorbehalte sofort bejahte, stand es für Szepan und Kuzorra fest: Wir bleiben in Schalke.

In Dresden hatte inzwischen der DFB getagt und den Vereinen eine höhere Aufwandsentschädigung gestattet. Ein Journalist erfand daraufhin den witzigen, zudem auch zutreffenden Ausdruck vom »Spesen-Amateur«. Aber erst im Februar 1931 gab es den ersten Lichtblick: Simon und Hennes Tibulski wurden als erste begnadigt. Sie durften wieder mitspielen, so daß die Schalker Notmannschaft mit dem inzwischen von Münster nach Schalke gewechselten Torwart Mellage wenigstens eine verläßliche Hintermannschaft besaß. Dieser in erster Linie hat es der Verein auch zu verdanken, daß er die Saison mit einem guten Mittelplatz in der Tabelle überstand.

Im Mai tagte der DFB wieder, und dann erhielt der Westdeutsche Fußballverband

Das erste Spiel nach der Sperre. Polizei muß für Mellage das Tor freihalten, so überfüllt war der Platz im Freundschaftsspiel gegen Fortuna Düsseldorf, welches Schalke 1:0 gewann. Selbst auf dem Tor saßen die Zuschauer.
Foto: Archiv Schalke

auf das Urteil seiner Spruchkammer eine Erwiderung, die an Deutlichkeit nichts zu wünschen übrig ließ. Ende Mai sind alle Schalker Spieler begnadigt. Am 1. Juni 1931 (einem Montag!) will sich Schalke 04 wieder seinen Anhängern stellen, die Düsseldorfer Fortuna findet sich bereit, in einem Freundschaftsspiel die Schalker wieder auf dem Weg in den normalen Fußball zu begleiten. Das war ein echter Kameradschaftsdienst — und die Zustimmung zu einem nicht ausgesprochenen Protest gegen die veralteten Ansichten des WSV. Denn es hätte wie Schalke genauso gut die Fortuna treffen können, wie überhaupt jeden anderen großen Verein im Westen. Alle spielten unter den gleichen Bedingungen Fußball wie die am Schalker Markt.

Der zweite Protest kam aus der Öffentlichkeit. Schalke gewann durch ein Tor von Hennes Tibulski mit 1:0, aber das Spiel oder das Resultat haben nicht die geringste Bedeutung. Daß jedoch über 70 000 Menschen versuchten, auf einen Platz zu kommen, der nur 35 000 faßte, daß nur durch den Einsatz berittener Polizei das Spielfeld halbwegs freigehalten werden konnte, daß selbst auf den Torgehäusen die Zuschauer saßen, bewies die ungeheure Anziehungskraft von Schalke 04, die nichts eingebüßt hatte. Der Fall war überstanden.

Auf dem Weg zur deutschen Meisterschaft

Mit vollen Segeln ging es in die neue Saison. Der erste Gegner ist der TuS Bochum, er wird 8:1 geschlagen. Im eigenen Lande hat Schalke keine Gegner mehr. Wichtiger sind ein paar Freundschaftsspiele, die vor allem einen Maßstab geben, wie man zu den renommierten Mannschaften des Reiches steht. Rot-Weiß Frankfurt mit dem Nationaltorwart Willi Kress wird in Schalke 1:0 geschlagen. Aber die Spiele gegen den FSV Frankfurt (mit 2:5) und gegen Tennis-Borussia (2:3) gehen verloren, auf eigenem Platz hingegen Holstein Kiel mit 3:2 bezwungen. Die Spiele und die Ergebnisse dieser Zeit sind nicht so wichtig, Schalke 04 steht vor dem entscheidenden Umbau seiner Mannschaft.

Der frühere Münsteraner Mellage hat Sobottka aus dem Tor verdrängt. Sobottka bleibt mit seiner Erfahrung Fußballobmann bei Schalke und ständiger Begleiter der ersten Mannschaft. Die erste Garnitur in der Verteidigung sind der bewährte Zajons und der eisenharte Schaarmann. Die Läuferreihe bilden der Techniker Böcke, Jaczek und Valentin, der vom Posten des Linksaußen auf den des linken Läufers zurückgeht. Im Sturm taucht jetzt der wuchtige Nattkämper als Mittelstürmer auf, zwischen Kuzorra und Szepan. Er soll als »goal-getting-man« dem Sturm die Tore bringen. Rechtsaußen bleibt Hennes Tibulski, Linksaußen der bewährte und wieselflinke Rothardt. Das war schon eine gute Mannschaft. Aus der eigenen Jugend aber stehn dahinter die Spieler an, die die Vollendung bringen sollen: Bornemann, Rosen und vor allem Urban, Gellesch und Ötte Tibulski.

Im Spielbetrieb bleibt alles beim alten. Schalke wird Ruhrbezirks-Meister. Im Entscheidungsspiel am Uhlenkrug steht man wieder Schwarz-Weiß Essen gegenüber, Schalke gewinnt 4:2 – die beiden Tore gegen Schalke schießt Essens Mittelstürmer Poertgen, der vom BC Altenessen zu Schwarz-Weiß übergewechselt ist und später seine größten Zeiten als Mittelstürmer bei Schalke erlebt.

Bei den Spielen um die westdeutsche Meisterschaft hatte man diesmal mit Hüsten 09 (2:0) mehr Ärger als mit Meiderich (5:1). Der letzte Gegner Schalkes ist Borussia Fulda. Die Hessen wehren sich gut, bis zur Pause steht es 0:0, aber mit 5:1 holen sich die Königsblauen zum viertenmal die westdeutsche Meisterschaft. Bei den Spielen um die Deutsche tauchte als erster Gegner in Dortmund ein bis dahin völlig unbekannter SuBC Plauen auf. Beinahe wäre Schalke schon an diesem Gegner »in

Schönheit gestorben«, Schalke erreichte bis zum Schlußpfiff ein 4:4, nachdem die Vogtländer ständig geführt hatten. Erst in der Verlängerung hieß es 5:4 für Schalke. In Bochum erscheint der alte Hamburger SV. Er hat zwar einen großen Namen, mehr aber auch nicht. Schalke siegt 4:2 — und steht zum erstenmal in der Vorschlußrunde um die deutsche Fußballmeisterschaft. Und »stirbt so großartig in Schönheit« wie bis zu diesem Zeitpunkt eigentlich noch nicht. Gegner ist die Frankfurter Eintracht mit den Nationalverteidigern Stubb und Schütz. Schalke läßt den Kreisel tanzen, daß es eine Lust ist zuzuschaun. Die Dresdener sind völlig auf der Seite der Wundermannschaft aus dem Ruhrgebiet, aber es klappt nicht. Eintracht gewinnt 2:1. Schalke ist zwar auf

Langsam bekommt die Schalker Mannschaft das Format, welches die großen Zeiten andeuten. Auf dem Bild von links: Bornemann, Rosen, Nattkämper, Zajons, Szepan, Mellage, Valentin, Wohlgemut, Kuzorra, Tibulski, Rothardt.
Foto: Archiv Schalke

dem Weg zur deutschen Meisterschaft einen Schritt weitergekommen, aber das Endziel ist wieder einmal verschoben.

In dieser Zeit, die immer noch zum Werden und Wachsen gehört, sind die Berufungen von Schalker Spielern in die Repräsentativ- und Nationalmannschaften interessant. Man kann an den Schalker Spielern nicht mehr vorübergehen, wenn man die Besten des Reiches erfassen will. Vor allem ist es Ernst Kuzorra, der bei keinem Spiel der Nationalelf fehlt, hinter ihm natürlich Fritz Szepan. Beim Spiel Deutschland — Dänemark (4:2) sind es sogar drei, Kuzorra, Szepan und Hennes Tibulski. Beim 2:0 über die Schweiz ist Kuzorra dabei, allerdings auch beim 0:2 gegen Holland. Der Westdeutsche Spielverband, der mit seinem langjährigen Meister nicht gerade sanft umgegangen ist, stützt jetzt seine Auswahl-Elf fast ganz auf die Spieler von Schalke. Beim Spiel Südost gegen West, das allerdings 0:3 verlorengeht, ist es fast die gesamte Schalker Mannschaft: Mellage, Valentin, Jaczek, Tibulski, Kuzorra, Szepan, Rothardt.

Weit über Gelsenkirchen hinaus beginnt jetzt, wo der Ruhm immer stärker wird, eine Verherrlichung der Mannschaft, die manchmal lächerlich wirkt. »Die Götter springen ins Feld«, diesen Satz hat tatsächlich eine Zeitung geschrieben. Wo Szepan oder Kuzorra auf der Straße erscheinen, laufen die Kinder hinter ihnen her. »Am vernünftigsten blieben eigentlich meine Geschwister«, meint Fritz Szepan, »von wegen großer Bruder! Wir hatten immer ein gutes Verhältnis zu Hause, und das ist auch so geblieben. Höchstens, daß ich mit Zustimmung meiner Geschwister eine zweite Mettwurst bekam, wenn es samstags zu Hause Erbsensuppe gab.«

Ernst Kuzorra, nicht mehr »Putten«, sondern neuerdings »Clemens« genannt, berichtet genauso. Den beiden ist das Hosianna auch damals nicht zu Kopf gestiegen, wie eh und je blieben sie auf dem Pflaster des Schalker Marktes. Diese Verherrlichung der beiden Schalker Kanonen hält sogar heute noch an. Erkundigt man sich bei einem Altersgenossen, wie der junge Mann Ernst Kuzorra eigentlich gewesen sei, so kann es einem passieren, daß man völlig unerwartete Loblieder hört. »Der Ernst? Das war immer ein braver, stiller Junge. Er kannte nur seine Jugendliebe, die er später auch geheiratet hat. Und Alkohol? Nichts!«

Ernst Kuzorra macht etwas runde Augen, wenn man ihm diese Geschichten erzählt. Von wegen Musterknabe — er war nicht besser und nicht schlechter als die andern Schalker Spieler oder als die andern jungen Männer jener Jahre auch. Und da die Schalker Spieler mit ihren Freundinnen und Freunden stets zusammenhockten, werden wohl oft genug fünfe gerade gewesen sein. Kuzorra war allerdings seit 1930 selbständiger Kaufmann: »Einer gab mir einen Wechsel über zweitausend Mark. Ich hatte doch damals keine Ahnung, was ein Wechsel war. Meine Lieferanten, die habe ich alle bezahlt, und die Leute vom Finanzamt haben mir tatkräftig geholfen. Sie haben mich über Buchführung und alles, was man wissen muß, aufgeklärt, und so ist der Laden von Anfang gelaufen.«

Dies war allerdings kein Wunder, denn über dem Eckladen am Schalker Markt stand groß: »Ernst Kuzorra«. Und was am Schalker Markt rauchte, das hielt sich für verpflichtet, bei Ernst Kuzorra zu kaufen. Ebenso die Gastwirte. Ebenso die Industrie. Und wenn Ernst Kuzorra auf Reisen war, so half ihm seine junge Frau, Elli, geborene Gehring. Nicht gerade seine Jugendliebe, aber ein echtes Schalker Mädchen.

Zwei Jahre später heiratete Fritz Szepan die Schwester von Ernst Kuzorra, »Mimi« genannt. Die beiden waren also Schwäger, womit der Begriff dieses Schalker Gespanns noch enger verschlungen wurde: »Die beiden Schwäger.« Fritz Szepan eröffnete am Schalker Markt ein beachtliches Textilgeschäft, und da über dem Laden in großen Lettern »Fritz Szepan« stand, fand er aus den gleichen Gründen wie sein Schwager eine sichere und feste Kundschaft.

Und heute noch schwärmt Ernst Kuzorra von seiner Schwiegermutter. »Die hat für mich gesorgt. Sie hat sogar ihrer eigenen Tochter Vorhaltungen gemacht, wenn nicht alles stimmte. Alles hat sie mir zurechtgelegt, zum Anzug das passende Hemd, den passenden Schlips. Und meine Schuhe, und meine Wäsche gebügelt. Wie aus dem Ei gepellt, wenn ich verreisen mußte.«

Nun muß man bedenken, daß alles dieses sich zu einer Zeit entwickelte, als die wirtschaftlichen Verhältnisse in Deutschland immer schwieriger wurden. 1931 wies Gelsenkirchen über 18 000 Arbeitslose auf, darunter fast 12 000 »Ausgesteuerte«, das heißt, Arbeiter, die von der städtischen Wohlfahrt leben mußten, nachdem die Arbeitslosenunterstützung abgelaufen war. Das war zum Leben zuwenig und zum Sterben zuviel. Gelsenkirchen zählte damals rund 332 000 Einwohner. Rechnet man auf den verdienenden Familienvater rund vier Personen, die er ernähren mußte, so waren rund 70 000 Gelsenkirchener der Not und dem Hunger ausgesetzt. Bei den Reichstagswahlen am 6. 11. 1932 bekam die KPD in Gelsenkirchen über 50 000 Stimmen, rund 31,3 Prozent, die auch heute noch ideologisch unausgegorenen Salonkommunisten abgerechnet, war dieses Wahlergebnis ein klarer Protest gegen die Wirtschaftskrise.

Daß in dieser Zeit der Not im Fußball manches nicht gerade lief, ist erklärlich. Der Westdeutsche Spielverband drängte im DFB auf eine klare, reinliche Scheidung. Er wollte, wie in England oder in Österreich, den Berufsfußball einführen, um den echten Amateur zu schützen. Aber im DFB wurde diese Frage verschoben, wenn auch der WSV drohte, sich notfalls vom DFB zu trennen.

Nicht ohne Grund konnte der Westdeutsche Spielverband so weit gehen. Er war mittlerweile der zahlenmäßig stärkste Verband des DFB — nicht nur das, er war auch spielerisch der stärkste geworden. In einer rein süddeutschen Paarung war zwar Bayern München mit 2:0 über den Schalke-Bezwinger Eintracht Frankfurt 1932 wieder deutscher Meister geworden, aber der Fußball-Schwerpunkt Deutschlands lag bereits im Westen. Die alten Hochburgen Berlin, Hamburg, München, Frankfurt hatten stark nachgelassen, der Westen verfügte mindestens über drei Vereine, die den Ton angaben. Das waren in erster Linie Schalke 04, Fortuna Düsseldorf und der VfL Benrath.

Die Punktespiele dieser Saison laufen routinemäßig ab. Aber dann gibt es doch zwei eindrucksvolle Freundschaftsspiele. Zunächst kommt der Gegner von Dresden: Eintracht Frankfurt. Die Schalker nehmen Revanche. Es heißt zwar nur 2:0, aber der Sieg hätte eigentlich höher ausfallen können. Einige Zeit später wird der deutsche Fußballmeister Bayern München 2:1 geschlagen. Anschließend wollen die Münchener bei Fortuna Düsseldorf ihren angekratzten Ruf reparieren. Aber auch hier verlieren sie 2:3, die Zeit der westdeutschen Asse ist angebrochen.

In dem SV Höntrop — Höntrop ist ein kleines Dorf in der Nähe von Wattenscheid — ist den Schalkern allerdings in der Ruhrbezirks-Meisterschaft ein entschlossener Gegner entstanden. Es sind vor allem die beiden Brüder Timpert, die auch späterhin den SV Höntrop zu einem führenden Fußballverein in Westfalen machen. Schalke braucht drei Spiele, um die Höntroper zu bezwingen.

Und wieder geht es um die westdeutsche Meisterschaft. Am Niederrhein ist eine neue Elf in der ersten Reihe aufgetaucht, Hamborn 07. Schalke hat alle Mühe, die »Hamborner Löwen«, wie die Mannschaft genannt wird, mit 2:0 zu schlagen. Hüsten dagegen wird 5:1 ausgeschaltet.

Und jetzt geht es um die Wurst — wieder gegen Fortuna Düsseldorf. Die Wedau, Duisburgs vorzügliches Stadion, erlebt einmal mehr den Ansturm der Massen. Man rechnet mit dem harten Widerstand der Fortuna. Schalke gewinnt auch nur 1:0, aber die Mannschaft hat die Fortuna sicherer in der Hand als dieses Ergebnis besagt. Zum viertenmal sind die Schalker westdeutscher Meister.

Daß die Schalker diese Fortuna im Endspiel um die deutsche Fußballmeisterschaft wiedersehen sollten, damit rechnete zu diesem Zeitpunkt kein Mensch. Die Vorstellung der Fortuna war nicht stark gewesen, immerhin zieht auch sie als zweiter Vertreter des Westens in die Vorrundenspiele der deutschen Fußballmeisterschaft ein. Schalke hat mit Viktoria Berlin zunächst einen verhältnismäßig leichten Gegner. Um so stärker und härter wehrt sich am Essener Uhlenkrug der Frankfurter Fußball-Sportverein, zu dem inzwischen der Fürther Knöpfle gestoßen ist. Nach einem regelrechten »Knochenspiel« bringt erst gegen Schluß eine typische Schalker Kombination das 1:0 für den Westmeister. In dem anschließenden Vorschlußrundenspiel in Leipzig hat München 60 gegen den Kreisel keine Chance, mit 4:0 zieht Schalke 04 zum erstenmal ins Endspiel ein. Nach dem Duisburger Spielverein im Jahre 1913 ist nach genau zwanzig Jahren wieder ein westdeutscher Verein im Finale um die deutsche Fußballmeisterschaft. Und wird sofort — und das ist die Sensation dieses Jahres — von einem zweiten westdeutschen Verein, Fortuna Düsseldorf, begleitet. Mit 16:0 Toren haben die Düsseldorfer das Endspiel erreicht, 9:0 Rasensport Gleiwitz, 3:0 Arminia Hannover und 4:0 Eintracht Frankfurt. Vor allem das Spiel gegen die Frankfurter in Berlin hat die Stärke der Fortuna gezeigt, der Wechsel zwischen den langen Flankenbällen und den überraschenden Kombinationen im Mittelfeld.

Als Aufgalopp lädt sich Schalke zu Pfingsten den 1. FC Nürnberg zu einem Freundschaftsspiel ein und gewinnt 4:1. Und dann glaubt man am Schalker Markt besonders schlau zu sein, indem man die gesamte Elf in ein Trainingsquartier am Halterner Stausee schickt. Die Spieler liegen den ganzen Tag in der Sonne, reden nur über Fußball, wissen vor Langeweile nichts anzufangen, gehen früh ins Bett, können natürlich nicht einschlafen, sind morgens müde und matt und haben die Nase vom Fußball voll, als sie sich auf die Fahrt nach Köln begeben.

Für die Fortuna kommen folgende Spieler aufs Feld: Pesch, Trautwein, Bornefeld, Janes, Bender, Breuer, Mehl, Wigold, Hochgesang, Zwolanowski, Kobierski. Der Stamm-Rechtsaußen Albrecht hatte sich vorher den Fuß gebrochen und war nicht einsatzfähig. Aber auch ohne Albrecht eine Elf von überdurchschnittlichen Könnern und eine glänzend eingespielte Mannschaft.

Schalke 04 stellte folgendes Aufgebot: Mellage, Wohlgemut, Zajons, Otto Tibulski, Bornemann, Valentin, Rosen, Szepan, Nattkämper, Kuzorra, Rothardt.

Um es kurz zu machen, Schalke war in diesem Spiel völlig daneben. Man starb auch nicht in Schönheit, die Mannschaft kam überhaupt nicht in Tritt. Was Schalke sonst nie tat: Nervös geworden, wurde auch geholzt. Das waren nicht die Königsblauen, die sich die Sympathien im Ruhrgebiet und weit darüber hinaus wegen ihres Könnens erworben hatten, sondern dies war eine geradezu hilflose Elf ohne Mittel und Ausweg gegen das großartige Spiel der Düsseldorfer.

Die Fortuna spielte jung und stark mit einem glänzenden Schwung. Der von Nürnberg an den Rhein gewechselte Hochgesang bestimmte das Spiel, der Schalker Kreisel kam über müde Anfänge nicht hinaus. Die Fortuna siegte 3:0, immerhin ein Trost — endlich ein deutscher Fußballmeister aus Westdeutschland.

Am Schalker Markt machte man sich Gedanken. In erster Linie führte man die Niederlage auf die törichten Tage am Halterner See zurück. Es war eben nicht gelungen, die Mannschaft fit und selbstsicher zu halten. Auch wenn es nicht ausgesprochen wurde, es fehlte die psychologische Führung.

Inzwischen hatte sich einiges getan, und am Schalker Markt tat man noch einiges dazu. Zunächst einmal war das Dritte Reich »ausgebrochen«. Die Nazis mit ihrer Geschicklichkeit, die Volksgunst auf ihre Seite zu bringen, kamen sofort mit ihren großen Programmen für Sport und Leibesübungen, insonderheit für die Jugendertüchtigung. Warum, das erklärte sich erst später. Dann wurde die ganze Sportorganisation umgebaut, sogar meistens zum Segen des Sports, denn so mancher alter Zopf fiel weg. Es gab keine Bundestage mehr, da von Wahlen keine Rede mehr sein konnte. Von oben wurde nach dem Führerprinzip bestimmt. Allerdings ließ man die alten bewährten Fußballfunktionäre in ihren Ämtern, Felix Linnemann war nunmehr nicht mehr Präsident des DFB, sondern Fachschaftsführer im Fachamt II (Fußball) des Deutschen Sportbundes für Leibesübungen.

Auch der Westdeutsche Spielverband mußte seine Organisationsform aufgeben. Damit gab es auch keinen westdeutschen Meister mehr, Schalke 04 kann also für sich in Anspruch nehmen, der letzte »Westdeutscher Meister« alten Stils gewesen zu sein. Das Sportgebiet wurde in 16 Gaue eingeteilt. In jedem Gau gab es als oberste Klasse die Gauliga mit den besten zehn Vereinen, darunter für Abstieg und Aufstieg die Bezirksklasse, darunter die Kreisklasse.

Ohne Zweifel war der Spielbetrieb dadurch einfacher und übersichtlicher geworden. Schalke hatte in seinem Gau Westfalen nur noch neun Gegner (Dortmund 08, Hagen 05, STV Horst, Borussia Rheine, Germania Bochum, Preußen Münster, DSC Hagen, Arminia Bielefeld, Viktoria Recklinghausen). Ähnlich wie Schalke ging es den übrigen »Großen« im Reich. Man war gezwungen, im eigenen Gau gegen schwächere, aber ehrgeizige Mannschaften anzutreten, so daß auch diese Vereine immer wieder die Möglichkeit hatten, die eigene Spielkraft an den »Kanonen« zu messen, was ohne jeden Zweifel in der Breite segensreich wirkte. Die Gaumeister wurden dann nach regionalen Gesichtspunkten zu vier Gruppen zusammengefaßt, um den deutschen Meister auszuspielen. Die Gruppensieger ermittelten (nach Auslosung) im K.-o.-System den ersten, den zweiten und den dritten Deutschen Meister, ein System, bei dem jeder Verein seine reelle Chance hatte.

Neben diesen organisatorischen Reformen setzte sich schnell ein von England ausgehendes neues Spielsystem durch. Die allgemeine Regel war bis dahin, daß vor einem Torwart zwei wuchtige Verteidiger standen, die das Mittelfeld freizudreschen hatten, davor drei Läufer, wobei die Außenläufer die gegnerischen Außenstürmer decken und die eigenen Außen auf die Reise schicken mußten, ein Mittelläufer (der am meisten strapazierte Spieler), der meistens sehr offensiv den eigenen Sturm aus der zweiten Reihe unterstütze, aber auch in der Abwehr aushelfen mußte, und, linear gestaffelt, fünf Stürmer, wobei die Außenstürmer an die Strecke Mittellinie — Eckfahne gebunden wurden und in erster Linie die Flanken zu servieren hatten. Die Tore sollten die drei Innenstürmer schießen.

Dies System war natürlich geeignet, möglichst viele Tore zu schießen. Aber da man sich in England sagte, daß man nicht nur dann siegte, wenn man ein Tor mehr als der Gegner geschossen hatte, sondern auch dann, wenn man eins weniger als der Gegner in den eigenen Laden bekam, war man darauf aus, die eigene Deckung zu stärken. Man erfand das W-System. Der Sturm wurde in der Form eines großen W gestaffelt, die Halbstürmer hingen zurück, drei Spitzen — darunter die Außenstürmer — sollten die Tore schießen. Der Mittelläufer hatte reine Deckungsaufgaben in der Mitte, später wurde er »Stopper« genannt. Die Läufer waren Verbindungsspieler im Mittelfeld, und die beiden Verteidiger hatten die Außenstürmer zu decken.

Später stellte sich heraus, daß den Schalkern dieses Spiel geradezu auf den Leib geschrieben war, als Fritz Szepan »umfunktioniert« wurde. In den vielen Spielen und Trainingslagern der Nationalmannschaft sollte er erst Stopper spielen, aber dieser Posten lag ihm nicht. Als er dann aber als zurückhängender Halbstürmer von der Mitte aus seine große Begabung ausnutzen konnte, das ganze Spiel zu dirigieren und in überraschenden Wendungen dem Sturm immer neue Möglichkeiten des Angriffs zu öffnen, da begann seine ganz große Zeit. Aus der Nationalmannschaft war Fritz Szepan nicht mehr wegzudenken.

Und dann kam Bumbas Schmidt an den Schalker Markt. Der ursprünglich für Fürth, dann für den 1. FC Nürnberg Außenläufer spielende Franke war mit allen Fußballwassern gewaschen, hatte 16mal in der Nationalmannschaft gestanden und war mit dem Club oft genug deutscher Meister geworden. Seine gutmütig-knurrige Art lag den Westfalen, er konnte schrecklich schimpfen, war aber sofort wieder versöhnt und nicht nachtragend. Er verschaffte sich sofort Respekt, man hörte auf ihn. Wenn man die Schalker Spieler jener Jahre nach den Qualitäten ihrer Trainer fragt, so sagen sie, daß ihnen Otto das Fußballspielen und Bumbas Schmidt das Siegen beigebracht hat. Der kleine Otto ging als Nationaltrainer nach Polen. Er hatte sich Hoffnungen gemacht, Assistent bei Nerz zu werden, aber diese erfüllten sich nicht. Fritz Szepan hat Otto beim Länderspiel Polen — Deutschland in Warschau besucht. Als der Krieg 1939 ausbrach, meldete sich Otto sofort freiwillig. Er fiel später bei Stalingrad.

Jedenfalls kam Bumbas Schmidt. Die Aufgabe von Bumbas Schmidt war klar. Fußballspielen konnte er den Schalker Spielern nicht mehr beibringen, das konnten sie selbst. Aber es war eben eine Mannschaft, die die Fehler, die sie noch macht, zwar erkennt, aber nicht den Weg findet, wie man diese Fehler beseitigen kann. Der Kreisel, dieses todsichere Zusammenspiel mit dem Nachbarn — heute nennt man das Doppelpaß und meint, es wäre eine Erfindung des modernen Fußballs — wurde über die nächsten drei und vier Nebenspieler ausgedehnt, noch genauer, noch schneller — und noch kraftvoller.

Bumbas Schmidt stand weiter vor der dankbaren Aufgabe, eine ganze Reihe brillanter Talente in die Mannschaft einzubauen, die meistens nur den einen Fehler hatten, zu jung zu sein. Hennes Tibulski und Schaarmann waren nach Bremen übergesiedelt, für Hennes trat sein jüngerer Bruder Ötte auf den Plan, pfiffig, immer gut aufgelegt, aber ein kleiner Satan auf dem Fußballplatz. Er war ein so raffinierter Störer des gegnerischen Spiels, daß mancher Stürmer an ihm verzweifelte. Dann kamen mit dem langen Gellesch und vor allem mit Ala Urban zwei Spieler aus dem Schalker Nachwuchs, die sich zur ersten Garde des deutschen Fußballs hochspielten und später ständige Mitglieder der deutschen Nationalelf waren. Gellesch hatte in der Jugend als Torwart angefangen, wurde dann ein sehr zahmer Stürmer und später ein glänzender Außenläufer, dessen lange Pässe in Tempo und Plazierung haargenau paßten. Ala Urban war nach Sze-

Heinrich Tschenscher, Ingenieur auf den Gelsenkirchener Eisenwerken, löste Papa Unkel im Vorsitz von Schalke ab. Papa Unkel wurde Ehrenvorsitzender. Durch seine Sachlichkeit, seine Übersicht und seine Liebenswürdigkeit war Tschenscher ein idealer Vereinsführer, der gerade in den Zeiten des Ruhmes dafür sorgte, daß Schalke 04 immer auf dem Boden der Tatsachen blieb.
Foto: Archiv Schalke

Unser Beitrag zu diesem Festbuch
sei der Erinnerung an den allzu früh verstorbenen,
langjährigen Vorsitzenden des F. C. Schalke 04

HEINRICH TSCHENSCHER

der die Geschicke des Vereins entscheidend
mitgestaltet hat, gewidmet.
Er und viele andere gehörten zu uns.

EISENWERKE GELSENKIRCHEN AG.

Heinrich Pieneck übernahm den Vorsitz von Schalke 04, als Tschenscher Anfang des letzten Krieges verstorben war. Zuvor war Heinrich Pienek lange Jahre Geschäftsführer von Schalke 04. Er brachte den Verein über seine härtesten Zeiten. Trotz aller Widrigkeiten gelang es ihm immer wieder, Ordnung im Vereinsbetrieb zu halten. Daß das Vereinsleben nach dem letzten Krieg wieder funktionieren konnte, war in erster Linie sein Verdienst.
Foto: Archiv Schalke

pan und Kuzorra wohl die größte Begabung, die Schalke in jenen Jahren herausgebracht hatte. Er war blitzschnell und besaß einen harten, genauen Torschuß. Sein Platz war immer der linke Flügel, erst als Innenstürmer, später als Linksaußen. Auf diesem Posten war er unerreicht.

Von der Gelsenkirchener Union kam Ernst Kalwitzki zu Schalke. Er war der Mann der gediegenen Sachlichkeit, technisch zwar nicht so brillant wie die großen Asse, aber was er machte, das hatte Hand und Fuß. Er war nie so verspielt wie die übrigen Schalker, Kuzorra und Szepan nicht ausgenommen.

Das ungefähr war die Situation, als Schalke 04 nach dem verlorenen Endspiel gegen die Fortuna sich erneut für die Saison rüstete. Papa Unkel, längst Ehrenvorsitzender seines Vereins, hatte eine ganze Menge Ehrungen eingesteckt. Den Verein führte jetzt ein Ingenieur der Gelsenkirchener Eisenwerke, Heinrich Tschenscher, der vom Harz nach Schalke gekommen war. Er war trotzdem ein leidenschaftlicher Schalker und vor allem ein vorzüglicher Vereinsführer. Stets ruhig und bedächtig, ein heller Kopf mit glasklarem Verstand und viel Herz. Neben Tschenscher wirkte der langjährige Geschäftsführer Heinrich Pieneck, der den Verein in Ordnung hielt. Sein Kontakt mit den Verbänden und Vereinen war hervorragend. Selbst der 1. FC Nürnberg verlieh ihm wegen seiner Verdienste um die Freundschaft zwischen beiden Mannschaften die goldene Ehrennadel.

Die Punktespiele im eigenen Gau Westfalen werden mit der linken Hand erledigt, nur Höntrup und Hüsten 09 machen einige Schwierigkeiten. Da man nach dem neuen Spielsystem ausreichend freie Spielsonntage hat, bessert man in Freundschaftsspielen die Kasse auf. Im Glückauf-Stadion macht sich stark genug bemerkbar, daß ewiges Gewinnen auch langweilig wird. Einige Resultate aus dieser Zeit sind grotesk: So spielt man in Remscheid und schlägt Remscheid 07 mit 14:0, einen Tag darauf eine kombinierte Mannschaft in Langendreer mit 24:0. So ist es kein Wunder, daß in der Glückauf-Kampfbahn bei Routinespielen, auch wenn es um Punkte geht, nicht mehr sehr viele Zuschauer kommen.

Jedenfalls ist Schalke 04 Meister des Gaues Westfalen und gehört damit zu den 16 deutschen Vereinen, die nunmehr um die deutsche Meisterschaft kämpfen. Mit Schalke in einer Gruppe zusammen spielen der VfL Benrath, TV Eimsbüttel und Werder Bremen. Die leichteste Gruppe hat Schalke in diesem ersten Jahr des neuen Modus damit nicht erwischt. Hinzu kam, daß bei einem harmlosen Freundschaftsspiel Ernst Kuzorra sich das Schlüsselbein gebrochen hatte und vorerst nicht einsatzfähig war. Das Endspiel-Pech schien die Schalker zu verfolgen.

Die erste Begegnung in Bremen hatte seinen besonderen Reiz. Werder hatte die beiden ehemaligen Schalker Schaarmann und Hennes Tibulski als Halbstürmer aufgestellt, wie überhaupt Werder Bremen immer Wert darauf gelegt hat, möglichst viele Spieler von Schalke 04 übernehmen zu können. Hennes Tibulski nun hatte seinen jüngeren Bruder Ötte Tibulski als Gegenspieler, und so gut die beiden Brüder sonst miteinander auskamen, Ötte kannte keine Rücksicht und legte sein Brüderchen an die Leine. Sonst aber war es das Spiel des Bullen Nattkämper in der Schalker Mitte. Er legte erst einmal drei Tore vor, ehe die Bremer auf 3:2 herankamen, und machte dann mit zwei weiteren Toren den Fall klar. Gegen den zweiten norddeutschen Gegner Eimsbüttel in der Dortmunder Kampfbahn klappte es erst in der zweiten Halbzeit, als die Hamburger durch den Kreisel müde und matt gehetzt waren. Wenn der Kreisel lief, lag seine vernichtende Stärke darin, daß der Gegner dreimal soviel und meistens vergeblich hinter dem Ball herlaufen mußte.

Aber dann kamen die Rückschläge: Benrath gewann 1:0, und das Rückspiel in Hamburg ging ebenfalls 2:3 verloren. Als es wieder nach Bremen ging, hatte man Kuzorra mit Ach und Krach zusammengeflickt. Er spielte mit geschienter Schulter, aber es klappte. Und da auch zu Hause Ötte Tibulski seinen Bruder Hennes kaltstellte, gewann Schalke 3:0. Gegen Benrath war Kuzorra wieder im Vollbesitz seiner Kräfte, mit einem guten 2:0-Sieg war der Einzug in die Vorschlußrunde geschafft. Der erste Gegner ist der SV Waldhof. Sein Mittelstürmer Otto Siffling war gerade mit

65

Fritz Szepan von der Weltmeisterschaft in Italien zurückgekehrt. Siffling war wohl der bedeutendste und intelligenteste Mittelstürmer, den Deutschland vor dem Krieg besaß. Er stand 31mal in der deutschen Nationalmannschaft. Später schied er in geistiger Umnachtung freiwillig aus dem Leben.

Bei diesem Spiel indessen konnte er nichts werden, weil Fritz Szepan ihn so genau deckte, daß er für seine Mannschaft ohne Wirkung blieb. Und damit war Waldhof ohne Chance, durch ein 5:2 zog Schalke zum zweitenmal ins Finale ein.

Mit Lorbeer geschmückt

Repräsentativer und dramatischer konnte dieses Endspiel 1934 nicht sein. Gegner war der alte, ruhmreiche, selbstbewußte 1. FC Nürnberg, bislang fünfmal deutscher Fußballmeister, bekannt dazu durch seine auf alt getrimmte, verwaschene weinrote Kluft. Die Nürnberger waren durch einen 2:1-Sieg über die Berliner Viktoria ins Endspiel gekommen. Nun sind Zuschauer ein seltsames Volk. Teilweise gönnten sie den Nürnbergern den Sieg über Schalke, weil damit die Leistung ihrer Victoria trotz der Niederlage aufpoliert würde — gegen den späteren Meister zu verlieren ist keine Schande —, teilweise sollte Schalke ihnen für die Niederlage ihrer Mannschaft Revanche bringen. Besonders war man auf die vielgelobte Wundermannschaft aus dem sonst in Berlin nicht beliebten Kohlenpott gespannt. Junge Kunst gegen alte Bewährung, der neue Stern gegen die Tradition und die Erfahrung.

Aber ansonsten war nicht nur Schalke, sondern das ganze Ruhrgebiet im alten Poststadion, damals Berlins größte Sportanlage, mit vielen Schlachtenbummlern vertreten. Schiedsrichter ist der Berliner Birlem. Nürnberg tritt an mit Köhl (nach dem Ozeanflieger Köhl »Hauptmann« genannt), Popp, Munkert, Kreisel, Billmann, Oehm, Gussner, Eiberger, Friedel, Schmitt, Kundt. Schalke setzt folgende Spieler ein: Mellage, Bornemann, Zajons, Tibulski, Szepan, Valentin, Kalwitzki, Urban, Nattkämper, Kuzorra, Rothardt. Hier trifft sich also die alte Schalker Garde mit dem frisch eingebauten Nachwuchs.

Vor dem Spiel hatte Bumbas Schmidt gewarnt: »Aufpassen, daß Nürnberg nicht das erste Tor schießt! Sonst machen die hinten dicht, und wir haben keine Chance mehr.« Und tatsächlich legen die Nürnberger, von dem Ungarn Schaffer trainiert, sofort gewaltig los, die Schalker Abwehr hat alle Hände voll zu tun. Aber langsam kommen die Königsblauen ins Spiel, sie sind der Erfahrung der Nürnberger nicht nur gewachsen, sondern spielerisch sogar überlegen. Bis zur Pause steht es 0:0, einstimmige Meinung der Berliner: Ganz schön, aber Tore treten die Wunderspieler nicht.

Anscheinend sollte es tatsächlich so kommen. Schalke drängt und kreiselt, und da passiert's. Ein Nürnberger Angriff, Friedel schießt, nicht sehr scharf, aber plaziert — 1:0 für Nürnberg.

Schalke reißt sich merklich zusammen und kommt jetzt auf volle Touren. Die Nürnberger, vor allem der 40jährige Mannschaftskapitän Popp, werfen sich rücksichtslos in

alle Schalker Angriffe. Kuzorra winkt Szepan in den Sturm, Nattkämper geht zurück. Immer stärker wird der Druck, aber auch immer rücksichtsloser die Nürnberger Abwehr. Weg mit dem Ball, wohin ist gleichgültig. Die Berliner Zuschauer stehen jetzt geschlossen hinter den Knappen, die Schalker hetzen die Nürnberger, die mit allen Spielern den Vorsprung verteidigen, aber Tore fallen nicht. Noch drei Minuten — der achte Eckball für Schalke. Über alle Köpfe hinweg reckt sich Fritz Szepan, von seiner Stirn fliegt der Ball ins Tor.
Ausgleich gewonnen, alles gewonnen, denn eine Verlängerung halten die ausgepumpten Nürnberger Spieler nicht mehr aus. Das Stadion tobt. Aber es kommt noch besser. Anstoß für Nürnberg, der Paß wird abgefangen, Kuzorra hat den Ball, umspielt einen angreifenden Nürnberger, schießt im Fallen: 2:1. Schalke 04 ist deutscher Meister.
Papa Unkel auf der Tribüne laufen die Tränen über die verrunzelten Backen. Seine Jungens haben das höchste Ziel erreicht. Vielleicht denkt er noch an die Zeiten, als er den kleinen Schalker Spielern aus der Bäckerei seines Sohnes plattenweise Streuselkuchen stiftete.
Die Rückfahrt der Schalker aus Berlin ist fast ein Triumphzug. Vor allem sind es die beiden Schwäger Kuzorra und Szepan, die im Mittelpunkt dieser Hosianna stehn. Daß ausgerechnet diese beiden, die den Schalker Ruhm und die Schalker Spielart begründeten, die beiden Siegtreffer erzielten, will die Symbolik dieses Sieges noch unterstreichen.

Der berühmte Sportkarikaturist Mauder veröffentlichte in einer süddeutschen Fachzeitung eine Zeichnung: »Eine Stadt steht kopf.« Darauf sieht man, wie alte Männer, junge Mädchen, Babies mit Schnuller, Hunde, Katzen, Mäuse kopf stehen. So war es auch, als die Mannschaft nach Hause kommt. Von Hamm aus war das Ruhrgebiet blauweiß geflaggt, die Polizei hat Mühe, die Mannschaft in Gelsenkirchen vom Bahnsteig zu bringen, der unglaubliche Siegeszug der Königsblauen hat seine Krönung gefunden.

War man im Ruhrgebiet bislang schon stolz genug auf sein Schalke, so kennt die Anerkennung jetzt kaum noch Grenzen. Der kleine Mann im Kohlenpott spiegelt sich wider in diesem Triumph. Wir, die Schlechtweggekommenen, wir haben denen im Reich einmal gezeigt, was wir alles können. Denn diese Schalker Spieler, das sind eben welche von uns. Und daran kommt kein Mensch mehr vorbei.

Nun ja, auch der größte Begeisterungsrausch klingt einmal ab. Deutschlands beliebtester Kicker war inzwischen Fritz Szepan geworden. Bei der Fußballweltmeisterschaft in Italien, die noch vor dem Endspiel Schalke — Nürnberg abgewickelt wurde, hatte er sich für die deutsche Mannschaft eine ganze Menge Lorbeeren eingehandelt. Außerdem war er Spielführer der deutschen Elf geworden. Schon in den Vorbereitungsspielen hatte er seine Qualitäten

Mutter Thiemeyers Lokal am Schalker Markt. Die Bomben haben hier alles ausgelöscht, aber Mutter Thiemeyers Lokal war der Zentralpunkt des ganzen Schalker Vereinslebens. Hier trafen sich die Vereinsmitglieder und die Anhänger. Hier wurden auch die zahlreichen Trophäen aufbewahrt, die Schalke erwerben konnte, einschließlich Victoria und Pokal.
Foto: Archiv Schalke

bewiesen. In Florenz schlugen die Deutschen die Belgier 5:2. In der Zwischenrunde wurde Schweden in Mailand 2:1 geschlagen. Die tschechische Elf, aus Profi-Spielern der beiden Prager Mannschaften Sparta und Slavia zusammengestellt, Favoriten für die Weltmeisterschaft, siegen aber in Rom mit 3:1 über die sich glänzend schlagende deutsche Mannschaft. In Neapel geht es für die Deutschen gegen Österreich um den dritten Platz.
Bisher hatten die Wiener Profis deutsche Mannschaften stets in Grund und Boden gespielt. Durch die Direktion des Nationaltrainers Professor Dr. Otto Nerz wurde Szepan in diesem Spiel nicht als Mittelläufer, sondern offiziell als Halbrechter eingesetzt. Das war die Rolle für ihn, die Rolle des Dirigenten aus der zweiten Linie. Deutschland gewinnt — eine Weltsensation — mit 3:2 und wurde dritter der Fußballweltmeisterschaft. So etwas hatte es noch nie gegeben, daß der deutsche Fußball bei den großen Berufsspielernationen der Welt mitreden konnte. Interessant war die Aufstellung der deutschen Elf. Nur vier Süddeutsche standen in der Mannschaft, der Regensburger Torwart Jakob, der Saarbrücker Conen, der Mannheimer Siffling und der Augsburger Lehner. Die übrigen waren Westdeutsche: Szepan, Busch (Duisburg), Münzenberg (Aachen), Zielinski (Hamborn), Bender, Janes und Heidemann (Düsseldorf). Ein Zeichen dafür, daß in Deutschland der West-Fußball vorn lag.
Die Victoria — im übrigen von der FIFA dem Deutschen Fußballbund als ewiger Wanderpreis für den deutschen Fußballmeister geschenkt — stand also, mit dem Schalker Namensschild auf dem Sockel geschmückt, bei Mutter Thiemeyer am Schalker Markt in der Glasvitrine inmitten der unzähligen Wimpel, Plaketten, Medaillen und Pokale, die Schalke 04 im Laufe der Zeit errungen hatte. Wenn man Wesen, Wirken und Geschichte eines Fußballclubs erzählen will, so ist zwar die Chronologie der ausgetragenen Spiele als dem Gerippe dieser Geschichte nicht unwichtig, aber die Spielresultate sind mehr ein Ausdruck der Leistung der aktuellen Zeit. Die Halbwüchsigen vom Haus Goor, die mit einem zehnmal geflickten Fußball den alten Club Westfalia Schalke gegründet hatten, und von denen noch viele als getreue Funktionäre, zumindest aber als fanatische Anhänger ihres Clubs unter den Lebenden weilten, durften staunen, wie sich Fußballspieler entwickelten. Von der Schalker Stamm-Mannschaft arbeitete natürlich keiner mehr unter Tage, obwohl sie nach wie vor die »Knappen« genannt wurden. »Knappe« war nur eine Visitenkarte. An der Ruhr wird kein Bergmann »Knappe« genannt. Materielle Sorgen brauchte sich keiner mehr zu machen, das Problem Profi oder Amateur war längst unter den Tisch gefegt. Eine Schar äußerst gepflegter und nach letzter Mode gekleideter junger Männer vertrat die Schalker Farben. Mindestens einmal in der Woche zum Friseur, jeden Tag Massage und Körperpflege. Jede

Dienststelle nahm Rücksicht auf das notwendige Training, welches nach wie vor von Bumbas Schmidt mit Härte Tag für Tag durchgeführt wurde — ganz klar, daß man sich Schalke in strahlender Schönheit erhalten wollte.

Allerdings kam das Soldatenspielen auf, und mancher Schalker mußte strammstehen und grüßen lernen. Aber auch hier übte man Nachsicht, die eingezogenen Spieler waren meistens in nahe gelegenen Garnisonen stationiert und erhielten so viel Urlaub, wie sie brauchten. Natürlich war sowohl der deutsche Fußballmeister als auch der Vertreter eines sehr publikumswirksamen Fußballstils sehr gefragt. Die Schalker Spieler waren fast ständig auf Reisen. Zudem ließ sich der Gau Westfalen bei Repräsentativ-Spielen mit anderen Gauen durchweg durch die komplette Schalker Mannschaft vertreten.

Und dann noch etwas Typisches dieser Zeit: Die Zahl der Länderspiele wuchs ständig. Man sah — so wie es heute in vielen Ländern noch ist — in einem Länderspiel-Sieg fast ein Politikum. Gewann man im Fußball, so fühlte man sich grundsätzlich aufgewertet und dem Gegner auch sonst überlegen. Wenn das auch barer Unsinn ist, so spielte diese Einstellung im Dritten Reich eine große Rolle. Es gab laufend Vorbereitungskurse, Probespiele gegen prominente Gegner, und ständig waren ein paar Schalker dabei, Fritz Szepan fehlte nie.

Und schließlich — die Olympischen Spiele 1936 standen vor der Tür. Hier wollte man der Welt zeigen, wozu die Deutschen imstande sind.

Vielleicht lag es an dieser Überbeanspruchung, daß Schalke bei den nächsten Gruppenspielen um die deutsche Meisterschaft Schwierigkeiten bekam. Eins aber war noch viel schlimmer: Fritz Szepan hatte sich bei einem Spiel der Nationalmannschaft gegen Brandenburg eine Knieverletzung zugezogen. Meniskusriß — Szepan mußte nach Hohenlychen — der damals hochberühmten Sportklinik —, um operiert zu werden. Er fiel für viele Wochen aus.

Schon die Westfalenmeisterschaft hatte sich Schalke nur mit zwei Punkten Vorsprung geholt. Allerdings hat Schalke jetzt ein neues As im Sturm, Ernst Poertgen. Der Altenessener Anstreicher war zwar ein Wandervogel, aber ein Vollblutfußballer. Wenn einer in den Schalker Sturm paßte, dann Poertgen; wenn einer als Sturmführer die Chancen des Kreisels ausnutzen konnte, dann Poertgen. Von seinem Stammverein Altenessen ging er zu Schwarz-Weiß Essen (was damals im Essener Norden recht übel vermerkt wurde), danach zum 1. FC Nürnberg. Hier blieb er ein Jahr, bis er zu Schalke überwechselte. Allerdings mußte er neun Monate auf seine Spielberechtigung warten.

In seiner Gruppe hatte Schalke diesmal TV Eimsbüttel, den Pommernmeister SC Stettin und Hannover 96 zu Gegnern. Wichtiger ist aber, daß Szepan wieder eingesetzt werden kann. Eimsbüttel und Stettin haben keine Chance, nur Hannover 96 wird in Dortmund ruppig. Die Gangart ist unfair, als erster muß Nattkämper, der sich revanchierte, vom Platz, dann die beiden Hannoveraner Wente und Petzold. Hannover gleicht aber stets den Schalker Vorsprung aus, erst ein Elfmeter von Szepan bringt den Sieg. Zum Rückspiel in Braunschweig tritt Schalke wieder mit der kompletten Mannschaft an, die Königsblauen siegen unangefochten 4 : 1. Die restlichen Spiele sind ohne Bedeutung.

Die vier Teilnehmer an der Endrunde sind Schalke 04, Polizei Chemnitz, der VfB Stuttgart und der VfR Benrath, der die Fortuna abgelöst hat. Und Schalke hat mit Polizei Chemnitz seine liebe Last. Im Chemnitzer Sturm steht als überragender Mann Helmchen, ein schußgewaltiger Spieler und ein zäher Kämpfer. Zunächst scheint alles klar, als Schalke auf 3 : 1 davonzieht, aber dann beginnen die Sachsen zu kämpfen. Schweisfurth muß als letzten Ausweg einen Ball mit der Hand aus dem Tor schlagen, den Elfmeter verwandelt Helmchen zum 3 : 2. Dabei blieb es denn.

Zur allgemeinen Überraschung schaltete der VFB Stuttgart den VfR Benrath aus, Finale also Schalke gegen die Schwaben. Es war für Schalke das leichteste Endspiel, welches die Mannschaft in ihrer Geschichte austrug. Schalke trat mit Mellage, Bornemann, Nattkämper — der sich vom Mittelstürmer zum Klasse-Verteidiger entwickelt hat —, Tibulski, Szepan, Valentin, Kalwitzki, Gellesch, Poertgen, Kuzorra, Urban an.

Schon in der 8. Minute holt Urban das 1 : 0, bis zur Pause Poertgen und Gellesch das 3 : 0. Nach der Pause erhöht Poertgen auf 4 : 0. Das Spiel ist ohne Spannung, da Schalke in der Art, wie man Sonntag nachmittags den Kaffee trinkt, seine Tore macht. Der Gegner hatte entweder zuviel Angst oder er war zu leicht — und entsprechend leichtsinnig wurde jetzt Schalke. Man ließ die Stuttgarter laufen, bis auf einmal der Stuttgarter Mittelstürmer Bökle zwei Tore im Netz unterbrachte. 4 : 2, das sah längst nicht mehr nach Handgalopp aus. Und jetzt begann ein seltsames Torschießen: Kalwitzki 5 : 2, Stuttgart durch Haaga 5 : 3, Poertgen 6 : 3 und zum Schluß Rutz für Stuttgart 6 : 4.

Schon dieses ungewöhnliche Resultat war eines deutschen Fußball-Endspiels nicht würdig. Schalke wurde nicht gefordert, auch als die Stuttgarter anfingen, Tore zu schießen. Sie resultierten mehr dem Schalker Leichtsinn als der Stuttgarter Fußballkunst. Wie groß überhaupt der Qualitätsunterschied war, zeigt das Revanchespiel, welches der zweifache deutsche Meister bereits Ende August in Stuttgart austrug. Es endete 9 : 2 für Schalke.

Jedenfalls sind die Knappen zum zweitenmal Deutscher Meister und das will schon etwas heißen. Man beherrscht jetzt auch den großen deutschen Fußballbund, und es sieht so aus, als wenn tatsächlich eine Ära Schalke 04 kommen sollte.

Daneben läuft der DFB-Pokal, ein Zusatz-Wettbewerb der Schlechtweggekommenen.

Die Victoria am Schalker Markt, die Schalker Spieler und die höchste Trophäe des deutschen Fußballs. Obere Reihe: Tibulski, Bornemann, Sobottka (der frühere Torwart war lange Zeit Schalkes Mannschaftsbegleiter), Poertgen; Mitte: Urban, Schweisfurth, Mellage, Kalwitzki, Gellesch; unten: Valentin, Szepan, Kuzorra und der Trainer Bumbas Schmidt.

Foto: Archiv Schalke

Jeder spielt gegen jeden, wer verliert, scheidet aus. Dieser Pokalwettbewerb hatte in Deutschland im Gegensatz zu England nie eine besondere Popularität gewonnen, weil sich der Austragungs-Modus der deutschen Meisterschaft und des Pokals gegenseitig Konkurrenz machten. Die letzten Vier der Endrunde der Meisterschaft spielten eben im Pokalsystem. Damit war der Spannung eines Pokalwettbewerbs ausreichend Genüge getan. Eins war allerdings interessant — bis dahin hatte noch kein deutscher Fußballmeister auch den Pokal gewonnen, weder der 1. FC Nürnberg, noch der HSV und Berliner Vereine.

Dem zweifachen Deutschen Meister Schalke 04 ging es vorerst ähnlich. In diesem Jahr dringt er im Pokalwettbewerb zwar bis ins Endspiel vor (gegen Göttingen 5:1, Kassel 8:0, Hannover 96 6:2, Freiburger FC 6:2), aber im Düsseldorfer Stadion nimmt ausgerechnet der 1. FC Nürnberg Revanche für die Niederlage von einem Jahr zuvor in Berlin. Mit 2:0 können die Nürnberger sich mit dem Pokal trösten.

Der deutsche Fußball steht aber, nachdem Schalke 04 verhältnismäßig leicht wieder Deutscher Meister geworden war, im Publikumsinteresse unter anderen Aspekten. Die Olympia-Vorbereitungen laufen, und inzwischen rekrutiert sich die deutsche Nationalmannschaft fast ausschließlich aus Spielern vom Niederrhein und von Schalke, die stark beansprucht werden, insonderheit Szepan, Urban und Gellesch. Das Rückgrat der Nationalelf bestand aus Buchloh, Münzenberg, Janes, Busch, Zielinski, Bender, Albrecht, Hohmann, Rasselnberg, dazu gehörte auch noch der langsam älter werdende Kobierski. Ein Spiel Gau Niederrhein gegen den Gau Westfalen war also praktisch ein Spiel zwischen der deutschen Nationalmannschaft und dem deutschen Fußballmeister. Im Dezember 1934 hatte der Niederrhein gegen Westfalen 4:0 gewonnen, die Revanche erfolgte im Oktober 1935 in der Schalker Glückauf-Kampfbahn, deutscher Fußballmeister also gegen die Nationalmannschaft.

Das Wetter war fürchterlich. Schnee- und Hagelschauer jagen über die überfüllte Kampfbahn, aber weder die Spieler noch die Zuschauer lassen sich dadurch stören. Zweimal geht der Niederrhein in Führung, zweimal gleicht Westfalen durch Urban aus, dann haben die Westfalen oder die Schalker oder der deutsche Fußballmeister den Gegner im Griff, Szepan und Poertgen holen das 4:2. Der Deutsche Meister hat die Nationalmannschaft 4:2 geschlagen.

Natürlich muß man dabei Abstriche machen, denn normalerweise gehörten Szepan, Urban und Gellesch damals zum eisernen Stamm der Nationalmannschaft. Groteskerweise werden die Schalker Spieler jetzt oft genug auf die Repräsentativ-Spiele aufgeteilt. Beim Treffen Deutschland gegen Finnland stand Szepan in der A-Nationalmannschaft (6:0), Gellesch und Urban spielten am gleichen Tag gegen Luxemburg 1:0, die andern ließen sich, verstärkt durch den Reißer August Lenz von Borussia Dortmund als Westfalenvertreter von Niedersachsen 3:5 schlagen. Was eben zuviel ist, ist zuviel.

Das bedeutendste Länderspiel dieses Jahres war das gegen England in London auf dem Platz der Tottenham Hotspurs. In England waren zwar Matchs der Nationalmannschaft nicht sehr gefragt, die Engländer bekamen bei den Begegnungen ihrer eigenen Mannschaften besseren Fußball zu sehen. Aber dieses Spiel gegen Nazi-Deutschland war ihnen doch interessant genug, den Platz restlos zu füllen. Szepan hatte wieder seinen Platz als aufbauender Halbstürmer. Es ist das erstemal seit 1914, daß eine deutsche Elf jenseits des Kanals antritt. Die deutsche Invasion an Schlachtenbummlern war so groß, daß die englischen Zeitungen sogar spaltenlange Texte in deutscher Sprache brachten. Ohne jeden Zweifel, es gab trotz der 0:3-Niederlage viel Anerkennung für die deutsche Mannschaft, besonders für einen, für »Blondy«, den hellblonden Fritz Szepan, der im Mittelfeld nicht nur durch seine weißblonden Haare auffiel ...

Im übrigen — am Rande bemerkt und als Streiflicht für jene Jahre — müssen die Engländer die deutschen Zuschauer für nicht ganz normal gehalten haben. Auf der Tribüne wehten der Union Jack und die Hakenkreuzfahne, halbmast, wegen des Todes der englischen Königinmutter. Plötzlich ging die Hakenkreuzfahne zu Boden,

Alles hört auf den Rundfunksprecher, es wird bei Mutter Thiemeyer das Länderspiel England – Deutschland übertragen, bei dem Fritz Szepan mitspielt. Am Tisch Ernst Kuzorra, die Dame rechts ist Frau Szepan, die Schwester von Ernst Kuzorra. Foto: Archiv Schalke

jemand hatte die Strippe durchgeschnitten. 10 000 deutsche Zuschauer brüllten wütend: »Fahne hoch!« Die englische Militärkapelle, die mitten auf dem Platz stand, faßte diesen Chorus falsch auf und spielte: »Die Fahne hoch ...« Zehntausend Deutsche standen stramm mit deutschem Gruß und brüllten nicht mehr.

Zur neuen Fußballsaison geht es mit den hohen Siegen in der Gauliga weiter. Selbst der sonst so schwierige SV Höntrup wird diesmal 7:1 geschlagen. Der höchste Sieg kommt mit 15:1 gegen Union Recklinghausen zustande. Als die Gruppenspiele um die deutsche Meisterschaft anstehen, hat Schalke den BSV 92 Berlin, die »Störche« (mit Hänschen Appel), Hindenburg Allenstein, eine in erster Linie aus Soldaten bestehende Mannschaft, und zum zweitenmal Polizei Chemnitz als Konkurrenten. Die Berliner sind kein Gegner, noch weniger die Ostpreußen. Aber den Schalkern schlägt in Ostpreußen, der Heimat ihrer Väter, eine Welle echter Begeisterung entgegen, denn auch hier reklamiert man die Fußballkünstler des Ruhrgebietes für sich. In Königsberg siegt Schalke leicht 4:1, im Rückspiel in Bochum mit 7:0. Hierüber erzählte der alte Sportjournalist Theo Krein, ein Original und mit Schalke »verheiratet«, eine hübsche Anekdote. Nach dem Besuch in Königsberg erhielt Krein von einer großen Königsberger Zeitung den Auftrag, darüber zu schreiben, wie es den Schalkern in der Heimat ihrer Eltern denn gefallen habe. Theo Krein marschiert also zu Ernst Kuzorra und will ihn darüber befragen. Kuzorra winkt ab: »Ach, geh mich doch weg mitti Polacken.«

Über diese Anekdote kann man sich wegen des polnisch klingenden Namens von Kuzorra natürlich amüsieren. Aber sie ist auf der anderen Seite doch der Beweis, wie sicher und wie heimatlich die zweite Generation der ins Ruhrgebiet gekommenen Masuren sich hier im Westen fühlt. Sich selbst und ihren Fußball.

Wie dem auch sei, die Ostpreußen haben den Schalkern durch die 0:7-Niederlage in Bochum jedenfalls zum Gruppensieg verholfen. Denn gegen die schnell und rücksichtslos spielenden Chemnitzer verliert Schalke im ersten Spiel in Dortmund 2:3. Beim Rückspiel in Dresden legt Ernst Kuzorra zwei Tore vor, und dann spielen die Königsblauen in einer Weise, die bis dahin nicht bekannt war: Sie mauern. Und das lohnt sich. Am Schluß steht es 2:1 für Schalke. Der Deutsche Meister ist durch das bessere Torverhältnis vor der Polizei Chemnitz zum drittenmal in der Endrunde. Bisher war es noch keinem Verein gelungen, dreimal hintereinander Deutscher Meister zu werden.

Die Vorschlußrunde: Wieder einmal Schalke 04 gegen den 1. FC Nürnberg. Der erstarkte Club ist in jener Zeit überhaupt die einzige deutsche Mannschaft, die den Schalkern Paroli bieten kann, und so geht auch das Spiel in Stuttgart mit 0:2 verloren. Es regnete in Strömen, genau wie beim Pokal-Endspiel. Schalke, inzwischen

verwöhnt und etwas hochnäsig geworden, hat sich zu einer ausgesprochenen Schönwettermannschaft entwickelt. Regen und nasse Plätze, auf denen man den Kreisel nicht nach Belieben tanzen lassen kann, schätzt man gar nicht mehr.
Aus ist der Traum von der dreifachen deutschen Fußballmeisterschaft, aus der Traum von der Revanche an Fortuna Düsseldorf für die Niederlage 1933. Deutscher Meister wird zum sechstenmal der 1. FC Nürnberg, der mit viel Glück die Fortuna in der letzten Sekunde der letzten Minute des bereits verlängerten Spiels mit 2:1 schlägt. Am Tage vorher hat Schalke den schlesischen Meister Gleiwitz, ebenfalls in Berlin, sozusagen als Racheopfer für die Niederlage gegen Nürnberg, mit 8:1 fußballerisch aufgefressen. Schalke 04 war damit dritter der deutschen Meisterschaft.
Für Schalker Verhältnisse war das ein bißchen wenig, aber nicht zu ändern. Zunächst einmal begeisterte sich Sport-Deutschland an den Olympischen Spielen. Selbst wenn man die reichlich bombastische Art, mit der die Veranstaltung in Berlin durchgeführt wurde, auf das rechte Maß zurückführt, waren die Spiele eine echte Leistung: hervorragend organisiert, sportlich korrekt und mit einer ganzen Reihe echter Erfolge. Auch der Fußball sollte natürlich glänzen. Von den Schalker Spielern waren nur Urban und Gellesch dabei. Auf Szepan und Kuzorra mußte man verzichten, da diese beiden ja einmal zu Berufsspielern erklärt worden waren.

Das erste Spiel — Urban war dabei — im olympischen Fußballturnier wurde gegen Luxemburg 9:0 gewonnen. Das nächste ging gegen Norwegen. Man war in der Fußballführung so siegessicher, daß man sogar »den Führer« auf die Ehrentribüne bat. Dieser erlebte eine der größten Blamagen des damals reichlich hochgestochenen deutschen Fußballs. Professor Dr. Nerz, dem Verantwortlichen der Nationalmannschaft, war das Führerprinzip schlecht bekommen. Er suchte autoritär die Spieler aus und lehnte Rat und Hilfe anderer Experten grundsätzlich ab. Vor allem war er als reiner Theoretiker Anhänger des »Systems«: Die Spieler mußten sich genau an das von ihm erdachte System — ein erweitertes WM — halten, dann konnte kein Spiel verlorengehen. Es war also mehr ein Fußball der Maschinen als der blutvollen Spieler, und prompt bekam Nerz seine Quittung. Die wuchtigen, einsatzfreudigen Norweger gewannen 2:0 gegen eine deutsche Mannschaft, die einfach nicht wußte, was sie machen sollte. Spielten sie so, wie sie es für richtig hielten, so würden sie von Nerz nicht mehr aufgestellt werden. Spielten sie nach der Methode Nerz, nun, dann konnten sie einfach nicht gewinnen.
Mit Recht fiel nun die Öffentlichkeit über Nerz her. Der Professor mußte als Betreuer der Nationalmannschaft seinen Hut nehmen. Für ihn kam Sepp Herberger, ein gerissener Praktiker und ein hervorragender Menschenkenner. Ernst Kuzorra antwortet auf die Frage, bei wem er sich als National-

spieler wohler gefühlt habe, bei Nerz oder Herberger, kurz und bündig: »Bei Seppel Herberger natürlich. Bei Nerz sollten wir arbeiten, aber wir wollten spielen.«
Für Schalke 04 begann jetzt die Zeit, die man als »Ernte« ansehen kann. Der Verein ist jetzt im deutschen Fußball »high society«, man braucht sich nicht mehr um prominente Gegner zu bemühen, man bemüht sich um Schalke. Es ist bereits eine Ehre für andere geworden, wenn die Knappen sich zu einem repräsentativen Freundschaftsspiel herablassen. Man hat jetzt in der ersten Garnitur eine Reihe von Spielern, die das Können der beiden Asse Szepan und Kuzorra erreicht haben, allen voran Urban, Gellesch, Tibulski und Poertgen.
Dazu baut Schalke, stolz darauf, alles aus eigener Kraft zu finanzieren, die Glückauf-Kampfbahn zu einer mustergültigen Anlage um. Die Tribüne wird erheblich erweitert, die Umkleideräume modernisiert, Bäder, Massageräume, Gymnastikräume kommen hinzu, ein schönes Klubzimmer, Geschäftsräume, was eben alles dazu gehört, das äußere Bild eines prominenten Clubs zu kennzeichnen.
Die Zuschauerränge sind terrassiert, die Umzäunung gemauert und abgesperrt. Trotzdem gelingt es nach wie vor der Schalker Jugend, irgendwo durch irgendwelche Löcher auf den Platz zu kommen, eine Tradition, die nach wie vor besteht. Und es bleibt auch bei der Tradition, daß Schalkes älteste und treueste Anhänger auf irgendeine Art und Weise eine Freikarte zum Stadion bekommen. Oder die alten Invaliden haben ihre Freunde unter den Ordnern, die sie ohne Kontrolle auf den Platz lassen. Irgendwo werden sie sich schon verkrümeln. Fritz Szepan gelingt es sogar, seine alte Mutter einmal zu einem Spiel ihres berühmten Sohnes ins Stadion zu locken. Er wollte ihr sogar eine Tribünenkarte besorgen. Aber das lehnte Mutter Szepan ab, wahrscheinlich ging es ihr dort zu vornehm zu. Sie wollten unterm Volk bleiben. Im übrigen war dies das einzige Mal, daß Mutter Szepan zum Fußball ging.
Auch in dieser Zeit war nach wie vor die Verbindung mit der Bevölkerung Schalkes große Stärke. Obwohl die Königsblauen durch ganz Deutschland und durch Europa fahren, sie bleiben nach wie vor die alten Schalker, die sich freuen, die Beine unter den heimatlichen Tisch zu stellen oder bei Mutter Thiemeyer an der Theke ein Glas Bier zu trinken. Und die Jugend strömt zum Verein, es ist erstaunlich, wieviel gute Spieler aus den Jugendmannschaften herausgebracht werden. Noch auf Jahre hinaus, selbst nach dem Zweiten Weltkrieg, kann sich Schalke in erster Linie aus der eigenen Jugend erneuern und ergänzen. Es kommt sogar so weit, daß man viele Talente nicht in der eigenen ersten Mannschaft unterbringen kann. Mancher andere große Verein hat sich aus Schalker Nachwuchs verstärkt.
Die Abstellungen für die Nationalmannschaft und zu größeren Repräsentativspielen werden jetzt die Regel. Szepan, Urban

und Gellesch gehören zum festen Stamm. Das Länderspiel gegen Spanien in Barcelona brachte unter der Regie von Fritz Szepan einen unverhofften Sieg. Der Spielführer setzte vor allem den kleinen Wormser Seppel Fath so ein, daß er dem berühmten spanischen Torwart Ricardo Zamorra zweimal den Ball ins Netz setzte.

Trotz der Niederlage von 0:2 war das Länderspiel gegen die Schotten in Glasgow wohl der größte moralische Erfolg der deutschen Nationalelf. Szepan, Urban und Gellesch waren dabei, der den Schotten auffallende Mann im Mittelfeld war »Snowball«, der Schneeball Fritz Szepan. Er hatte die vollen Sympathien der Schotten. Natürlich will sich Schalke, in diesem Jahr aus der deutschen Meisterschaft ausgebootet, den Pokal holen, den Trostpreis für entgangene höhere Ehren. Aber in den Endrunden macht schon der VfB Stuttgart Schwierigkeiten, noch mehr ein neuer Stern am Fußballhimmel, der 1. FC Schweinfurt mit den großartigen Außenläufern Kupfer und Kitzinger. Erst im Endspurt glich Gellesch zum 2:2 aus, und Poertgen zerstörte durch das Siegtor die Schweinfurter Hoffnungen. Viel nutzte es nicht, denn Schalke verlor in Berlin gegen den VfB Leipzig mit 2:1. Der sogenannte »Pokalstil«, das rücksichtslose Alles oder Nichts lag den Schalkern eben nicht. Wenigstens bis dahin nicht.

Inzwischen kann sich Schalke entscheidend verstärken. Mellage im Tor, ein Klassemann, wird durch Hans Klodt ersetzt, der

Der große Hans Klodt brachte den kleinen Bruder Berni mit. Wer spielerisch wirkungsvoller war, der wuchtige Torwart Hans oder der wirbelnde Stürmer Berni, kann kaum abgemessen werden. Beide standen oft genug in der deutschen Nationalmannschaft. Foto: Archiv Schalke

bis dahin bei Gelsenkirchen 12 spielte. Der 1,90 m große Hüne stand später 18mal in der Nationalmannschaft. Sein größtes Verdienst war aber, daß er seinen kleinen Bruder Berni mitbrachte, an Alter und Körperlänge seinem Bruder deutlich unterlegen. Daß aber dieser Berni später einmal Schalkes letztes großes Stürmer-As werden sollte, daran dachte damals niemand.

Außerdem war von Kray, ebenfalls ein Nachbarort Schalkes, Hans Berg gekommen, ein glänzender Allround-Spieler, der aber seine größte Wirkung auf dem Außenläuferposten hatte. Zunächst ging es aber darum, die lästigen Punktespiele um die Westfalen-Meisterschaft unter Dach und Fach zu bringen. In dieser Saison geben die Knappen nur einen Punkt ab (4:4 gegen Herten). Der Schalker Sturm, nach wie vor das Paradestück der Mannschaft, schießt in diesen Punktespielen über hundert Tore, genau 103 gegen 14 Tore, das sind bei 18 Spielen mehr als fünf Treffer pro Spiel. Eine Serie von Erfolgen, wie sie bis dahin kaum ein deutscher Verein aufweisen kann.

Parallel läuft die endgültige Formung der Nationalmannschaft. Nach dem Debakel bei den Olympischen Spielen hat der listige Herberger systematisch eine Elf zusammengebaut, die sich auf den europäischen Fußballfeldern sehen lassen kann. Berühmt wird der 21. März 1937. Die deutsche Nationalmannschaft schlägt mit Szepan, Urban und Gellesch in Stuttgart Frankreich mit 4:0, eine deutsche B-Auswahl mit Poertgen als Mittelstürmer siegt in Luxemburg 3:2, und der Rest der Schalker Mannschaft gewinnt das Punktespiel gegen Hüsten mit 3:0.

Der »fliegende deutsche Paß« ist geboren, so nennt man jetzt den Stil der Nationalmannschaft. Er hat mit dem Kreisel Ähnlichkeit, denn auch er ist schon lange kein verliebtes Ballgetändel mehr, sondern ein Spiel der gesamten, in Bewegung bleibenden Mannschaft, bei der der einzelne Spieler sofort die bessere Position erkennen und der den Ball führende Mitspieler sich den am besten stehenden Nebenmann aussuchen muß, um selbst in eine entsprechende Position zu laufen. Und dieses mit Präzision und Wucht.

Aus diesen Spielelementen wird dann am 16. Mai 1937 die »Breslau-Elf« geboren, die technisch und spielerisch vollkommenste Mannschaft, die der deutsche Fußball vor dem Zweiten Weltkrieg auf die Beine gestellt hat. Jakob, Janes, Münzenberg, Kupfer, Goldbrunner, Kitzinger, Lehner, Gellesch, Siffling, Szepan und Urban schlugen **die Dänen in einem Rausch des schnellen,** wendigen Spiels mit 8:0. Die Dänen, eine damals recht starke Fußball-Nation, waren darüber so wütend, daß sie sofort nach Kopenhagen zurückfuhren und sogar nicht am Bankett teilnahmen — kein sehr vornehmer Zug.

Wie gesagt, der Kreisel hatte beim fliegenden deutschen Paß Pate gestanden und der fliegende deutsche Paß beim Kreisel. Es kam jetzt das berühmte Spiel gegen den englischen Liga-Vertreter Brentford. Die englischen Profis machten nach ihrer schweren Saison eine Erholungsreise über den Kontinent. Bei ihrer Klasse konnten sie sich solche Trips ohne Beeinträchtigung ihres sagenhaften Rufes auch erlauben. So hatte der FC Brentford den Hamburger SV 3:0 geschlagen und die Berliner Hertha 4:0, sozusagen mit der linken Hand. Aber gegen den 1. FC Nürnberg langte es nur zu einem 2:2.

Wenn man auch die Einschränkungen gelten läßt, daß die Londoner ziemlich reisemüde waren und auf den letzten Einsatz verzichteten, so war es doch bemerkenswert, wie der FC Brentford vom Schalker Kreisel überrollt wurde. Es war vor allem das Spiel eines Mannes, Ötte Tibulski. Die Art, wie der kleine Mann Brentfords Mittelstürmer, den Tank McCulloch, zwei Köpfe größer, an die Leine legte, war dem Schotten selbst aus England unbekannt. Er wurde praktisch ausgeschaltet, so daß die Schalker Abwehr immer Zeit hatte, ihre Außen einzusetzen. Mit 6:2 gewann Schalke. Es war der erste Sieg einer deutschen Vereinsmannschaft über einer Vertreter der ersten englischen Klasse.

In den Gruppenspielen hatte es Schalke diesmal mit Viktoria Stolp, Hertha BSC und Werder Bremen zu tun. Die Begegnungen mit Stolp waren kein Problem, Schalke schoß in den beiden Spielen gegen die Pommern zwanzig Tore (8:0 und 12:0), schwieriger war es schon in Berlin und Bremen. In den Endrunden geht es gegen alte Bekannte. Mit 4:2 wird der VfB Stuttgart ausgeschaltet, und der Endspielgegner ist — wieder einmal — der 1. FC Nürnberg, der Gegner aus dem berühmten Endspiel von 1934.

Ort der deutschen Fußball-Endspiele ist jetzt grundsätzlich das Olympia-Stadion in Berlin. Diesmal sind die Nürnberger spielerisch und auch moralisch völlig daneben. Ihre Unsicherheit versuchen sie durch Grobheiten auszugleichen. Tibulski wird schon in den ersten Minuten am Auge verletzt. Er spielt rechtsaußen, Kalwitzki halbrechts und Szepan Mittelläufer. Die Schalker beherrschen Spiel und Gegner, noch vor der

Zum zweitenmal um die deutsche Meisterschaft gegen den Erbfeind, den 1. FC Nürnberg. Urban hat soeben das erste Tor erzielt, der Schalker Linksaußen reißt jubelnd die Hände hoch. Eine der prachtvollsten Aufnahmen, die jemals von dem gefallenen Urban gemacht wurden. Kalwitzki schoß später das 2:0 – und Schalke war zum drittenmal deutscher Fußballmeister. Foto: Archiv WAZ

Schalke gelingt als ersten deutschen Verein der Doppelerfolg: Deutsche Meisterschaft und Pokalsieger. Eine Spielszene aus dem Pokalendspiel am 9. Januar 1938 in Köln. Schalke schlägt den »Erbfeind« Fortuna 2:1. Wirbel vor dem Fortunator; Urban paßt zu dem in der Mitte stehenden Kuzorra.   Foto: Archiv Schirner

Pause erzielt Urban das 1:0. Nach der Pause gibt es eine üble Szene, die bei den zahlreichen Begegnungen dieser »Erzfeinde« und erst recht nicht bei einem deutschen Fußball-Endspiel üblich war. Schmitt, der Spielführer der Nürnberger, rennt auf Kalwitzki zu und tritt ihm ohne jeden Grund mit Wucht in den Unterleib. Schmitt muß mit Recht vom Platz, und mit zehn Spielern haben die Nürnberger gegen die gelassen und meisterhaft spielenden Schalker keine Chance mehr. Ausgerechnet der so schwer gefoulte Kalwitzki holt das 2:0, und damit ist Schalke zum drittenmal Deutscher Meister. Der Jubel bei der Rückkehr der Elf ist natürlich wieder einmal gewaltig.

In Schalke hat man jetzt ein bestimmtes Ziel vor Augen: Was noch keinem Verein gelungen ist, Meisterschaft und Pokal zugleich zu gewinnen. Aber der Weg ist schwer. Wer jetzt gegen Schalke spielt, setzt sich mit verbissener Zähigkeit ein. Schon bei dem ersten Gegner, der Bezirksklassenmannschaft Frankenthal, muß sich Schalke strecken, um 3:1 zu gewinnen. Noch schwerer wird es gegen Rot-Weiß Oberhausen, wo mit dem starken Torwarttalent Jürissen eine verteidigungsstarke Elf entstanden ist. Es langt nur zu einem 2:1 für Schalke, und der Sieg gegen Eintracht Braunschweig wird mit 1:0 in der letzten Minute der Verlängerung durch einen von Poertgen verwandelten Elfmeter erreicht. Auch die Berliner »Störche« wehren sich heftig, immerhin siegen die Schalker mit 3:1. Und gegen Mannheim-Waldhof muß man das Glück und den Torwart Hans Klodt zu Hilfe nehmen, um schließlich 2:1 zu gewinnen. Waldhof war drückend überlegen.

Am 9. Januar 1938 steigt das Pokal-Endspiel in Köln gegen Fortuna! Wieder einer der Dauergegner Schalkes. Der überragende Mann bei der Fortuna ist der schwarzhaarige Verteidiger Paul Janes, inzwischen auf dem Wege, Deutschlands Rekord-Nationalspieler zu werden. Sonst tragen immer noch die »Alten« die Mannschaft: Bender, Albrecht, Kobierski. Janes ist der einzige, der den Schalker Angriffen Paroli bieten kann, diesmal sind die Knappen — trotz des kalten, regnerischen Wetters — wieder groß in Fahrt. Kalwitzki und Szepan erreichen das 2:0, aber die Fortuna bekommt zum Schluß den zweiten Wind und schickt alles nach vorn. Acht Minuten vor Schluß schlägt Bornemann einen Ball, den Klodt nicht mehr erreichen kann, mit der Hand von der Linie. Elfmeter! Für Paul Janes kein Problem. Aber Schalke hält den Vorsprung bis zum Schlußpfiff.

Was ein deutscher Fußballklub überhaupt erreichen kann, hat Schalke in diesem Augenblick geschafft: Pokalsieger und Deutscher Meister. Beide Trophäen, der silberne Pokalteller und die »Victoria« stehen in einem häßlichen Vorort einer Ruhrgebietsstadt bei der Vereinswirtin in der Glasvitrine. Welche Beziehungen!

Das neue Spieljahr fängt an wie das alte, in den westfälischen Punktespielen ist man am Schluß wieder klar vorn. In Paris laufen jetzt die Fußball-Weltmeisterschaften. Mit einem 3:0 über Norwegen — zudem Revanche für die Panne bei den Olympischen Spielen — und einem 5:0 über Schweden helfen Szepan, Urban und Gellesch mit, die deutsche Nationalmannschaft nach Paris zu bringen. Aber weitere Erfolge stellen sich nicht ein, gegen die Schweiz wird erst 1:1 gespielt, das Wiederholungsspiel geht mit 2:4 verloren. Deutschland ist ausgeschieden. Sieger in Paris wurde der Titelverteidiger Italien.

Ernst Kuzorra, nach wie vor Deutschlands erfolgreichster Innenstürmer, findet plötzlich wieder Gnade vor den Augen Herbergers und darf in Nürnberg gegen Ungarn mitspielen. Das Spiel endet 1:1. Kuzorra hat nicht nur Ruhe in den hektisch spielenden deutschen Sturm gebracht, sondern auch das einzige deutsche Tor erzielt. Herberger wollte Kuzorra weiterhin in die Nationalmannschaft holen, aber der Schalker winkte ab. Er wollte nicht mehr. 12mal Nationaltrikot genügte ihm. Er war ja auch immerhin zu diesem Zeitpunkt 33 Jahre alt. Bemerkenswert ist dabei, daß Kuzorra und Szepan, die den Verein Schalke 04 großgemacht haben, niemals zusammen in der Nationalmannschaft gespielt haben, obwohl eigentlich nichts näher lag, als die Pendantkraft dieser beiden auch für die Spiele der Nationalelf auszunutzen.

Sonst aber ist dieses Jahr 1938 voller Mühen, Ärger und letztlich auch ohne Glück. Die Zwischenrunde in den Gruppenspielen kann Schalke zum erstenmal nicht aus eigener Kraft erreichen. Im Olympiastadion gibt es nur ein 1:1 gegen den BSV 92. Gegen Dessau klappt es wieder, 6:0. Ostermontag aber gewinnt in der Glückauf-Kampfbahn der VfR Mannheim 2:1. Schalke auf eigenem Platz geschlagen, das war schon lange nicht mehr vorgekommen. Auch beim Rückspiel gibt es nur ein 2:2. Retter in der Not ist der vierte im Bunde, Dessau 05. Er erreicht gegen Mannheim ein Unentschieden, Schalke hat das bessere Torverhältnis und ist vor Mannheim in der Zwischenrunde.

Und wieder eine Neuauflage, gegen die Fortuna. Und wieder in Köln. In der 8. Minute kann Kalwitzki einen Fehler der Düsseldorfer Abwehr ausnützen, und es steht 1:0. Es blieb das einzige Tor des Tages, Schalke ist im Finale gegen Hannover 96.

Es wird nicht ein Endspiel, es werden zwei. Das erste — wieder im Berliner Olympiastadion — endet trotz Verlängerung 3:3. Zugegeben, die Hannoveraner setzen sich bis zum Letzten ein, aber die beherrschende Mannschaft ist Schalke 04. Sie führt bis kurz vor Schluß 3:1, aber sie hat nicht nur gegen Hannover zu kämpfen, sondern auch gegen den Berliner Schiedsrichter Peters. Bei einem Eckball hat Gellesch das Pech, ein Selbsttor zu fabrizieren. Den Ausgleich erzielt der Hannoveraner Malecki aus klarer Abseitsstellung. Und beim Schluß der Verlängerung steht es 3:3.

Neuauflage. Wieder im Olympiastadion, acht Tage später. Hatte sich der Berliner Schiedsrichter Peters schon einiges geleistet, so übertraf ihn der Regensburger Schiedsrichter Grabler mit Längen. Ein klares Tor von Kalwitzki, in der ersten Minute erzielt, erkennt er nicht an. Den Hannoveranern gelingt der Führungstreffer, Kuzorra gleicht aus. Bis drei Minuten vor dem regulären Schluß führt Schalke 3:2, bis dahin aber hatte Grabler einen völlig unberechtigten Elfmeter für Hannover gegeben und glatt übersehen, wie der Hannoveraner Petzold den Ball mit beiden Händen im Strafraum abfängt. Petzold, selbst entsetzt, läßt sich fallen, steht aber wie ein Delinquent, der auf dem Schafott die Begnadigung erfährt, sofort wieder auf. Das Stadion pfeift, der Schiedsrichter nicht. Wenn Grabler pfeift, ist es gegen Schalke. Die Mannschaft ist so wütend, daß sie den Platz verlassen will. Bei korrektem Spielverlauf hätte Schalke, seinem Gegner himmelhoch überlegen, schon längst den Sieg und die vierte deutsche Meisterschaft in der Tasche gehabt. Aber Hannover gleicht aus, Verlängerung, und in der letzten Minute gelingt den Hannoveranern der Siegtreffer. Die Victoria ist dahin.

Man hatte den Eindruck, daß Schalke aus irgendeinem Grunde, den kein Mensch finden konnte, jämmerlich verschoben wurde. Aber damals war ja alles möglich. Der Reichssportführer von Tschammer und Osten, ein kleiner, rede- und trinkfreudiger Sachse, ließ abends beim Bankett halbwegs die Katze aus dem Sack. »Es mußte mal eine andere Mannschaft deutscher Meister werden, sonst wäre es langweilig geworden. Die anderen haben ja schon richtig Angst, ins Endspiel zu gehen, weil sie ja doch von Schalke geschlagen werden.« Das war entweder Geschwafel, oder es steckte tatsächlich eine Absicht dahinter.

Jedenfalls, die Victoria wanderte nach Hannover. Der Pokalteller folgte sofort hinterher. Schon im ersten Spiel der Pokalrunde blieb Schalke bei Viktoria Hamburg hängen, und die Glasvitrine bei Mutter Thiemeyer war leer.

Inzwischen hatte sich einiges getan in Deutschland. Immer mehr spürte man, daß Hitlers Politik auf den Krieg abzielte. Die meisten Schalker müssen unter die Soldaten, aber da ihnen der Ruf Schalkes wohlgesinnte Kommandeure besorgt, stehen sie ihrem Verein nicht nur zu den Spielen, sondern auch zum Training zur Verfügung.

Die Ostmark »kehrt heim ins Reich«, und das Münchener Abkommen gliedert die sudetendeutschen Gebiete wieder zu Deutschland. Damit hat der Deutsche Fußballbund verwaltungsmäßig den berühmten Wiener Fußball geschluckt, der damals noch auf der Höhe seiner Leistung stand. Nun waren die Wiener Spieler alle Profis. In Deutschland war zwar das Problem Profi — Amateur vom Tisch gefegt, einfach, weil kein Mensch mehr davon sprach. Die besten Fußballspieler waren allesamt gut versorgt, was brauchte man noch das Problem, ob Profi oder Amateur. Genauso machte man es mit den Wiener Spielern, sie wurden kurzerhand reamateurisiert und konnten somit an den Meisterschaftsspielen teilnehmen, ohne wirtschaftlich schlechter zu stehen.

Aber dann ging Bumbas Schmidt. Fünf Jahre hatte der rauhbeinige Franke den Knappen Rückgrat und Kraft gegeben. In Schalke hätte man ihn gern behalten, aber der Fürther wollte nicht mehr. »Mehr kann ich euch nicht beibringen.« Das stimmte zwar, aber darum ging es nicht. Es fehlte die Autorität, die das letzte Wort hatte. Nach reiflichem Überlegen übernahm der Karlsruher Otto Faist den Trainerposten bei Schalke, ein Leichtathlet und oft genug süddeutscher 800-m-Meister. Die Wahl war gut, denn am Schalker Markt war man sich darüber einig, daß man einen Trainer brauchte, der bei der immer noch anhaltenden Überbeanspruchung der Spieler die Kondition in Schuß hielt. Wie man zu spielen hatte, nun, darüber hatte auch zu Bumbas Schmidts Zeiten Ernst Kuzorra ein Wörtchen mitgeredet.

Noch einer verabschiedete sich: Ernst Poertgen. Der ehemalige Altenessener hatte eine Bleibe gefunden, wo er seine Sicherung für seine alten Tage garantiert fand. Er eroberte Herz und Hand einer Gastwirtstochter aus Bonn-Beuel und sitzt heute noch am Fuß des Siebengebirges.

Damit war die so ungeheuer wichtige Frage nach einem neuen Mittelstürmer bei Schalke aufgetaucht, also nach einem Mann mit schnellem Antritt und präzisem Schuß zwischen Szepan und Kuzorra. Der sichere Blick von Kuzorra in allen Fußballfragen brachte hier eine großartige Lösung. Von der Spielvereinigung Röhlinghausen war ein schmächtiges Kerlchen zu Schalke übergewechselt, blutjung, Hermann Eppenhoff, aber ein schneller, glänzend veranlagter Spieler. Man probierte zwar ein wenig herum, nahm Berg, das Mädchen für alles, in die Mitte, und später Kalwitzki, um Eppenhoff rechtsaußen spielen zu lassen. Jedenfalls glückte der Versuch. Dieses Federgewicht Eppenhoff fügte sich großartig in Schalkes erste Garde ein.

Die Chronologie der nächsten Fußballsaison ist natürlich von langweiliger Regelmäßigkeit, obwohl Schalke bei den Punktespielen anfangs einige Schwierigkeiten hat, vor allem gegen den aus den beiden alten Bochumer Vereinen TuS und Germania zusammengeschweißten neuen Verein VfL Bochum. Aber zum Schluß ist man doch Westfalenmeister. In den Gruppenspielen hat man es mit Kassel 03, Wormatia Worms und Vorwärts Gleiwitz zu tun. Auch hier gibt es durch die Wormser einige Schwierigkeiten. Am Ende ist man aber doch in der Vorschlußrunde und trifft auf einen neuen Stern am deutschen Fußballhimmel, den Dresdener SC, der in dem langen Helmut Schön — dem heutigen Bundestrainer — einen Wunderstürmer besitzt. Dazu kommt der alte Kämpe Richard Hoffmann. Außerdem hat man sich in Sachsen durch alte bewährte Spieler der Münchener-Nürnberger Schule verstärkt. Im Berliner Olympiastadion heißt es auch in der ersten Begegnung am Ende der Verlängerung 3:3. Das Wiederholungsspiel gewinnt Schalke verdient 2:0, wobei sich der junge Hermann Eppenhoff besonders auszeichnet.

Kreisel gegen Scheiberl

Der Endspielgegner ist die Wiener Admira, sechsfacher österreichischer Meister, der den Hamburger SV mit 4:1 ausgeschaltet hatte. Schalke hatte in einem Freundschaftsspiel schon vorher zu Hause Bekanntschaft mit dem Wiener Fußball gemacht, und zwar gegen Austria Wien. In dieser Mannschaft spielte der »Papierene«, Sindelar, schmal, hager, aber ein Rastelli des Fußballs. Schalke gewann 3:2, und der »Papierene« warnte in Wien vor der Wiener Überheblichkeit. Hier hielt man nichts von der deutschen Systematik. Man wollte den Erfolg des Fußballs in den kunstvollen Arabesken des Wiener Walzers sehen und hielt auch die Wiener Schönspielerei für überaus erfolgreich.

Es kam noch ein weiteres hinzu: In Wien waren bei weitem nicht alle Kreise begeistert von dem Anschluß an das Großdeutsche Reich. Man wollte eben seine Reservate, in denen Wien unerreicht blieb, und wollte sich darin auch anerkannt wissen. Dazu gehörte auch der Fußball. An der Donau hielt man seinen Fußball für viel zu schade, um im Dienste der großdeutschen Sache verheizt zu werden.

Es kam anders. Es gab den unerhörtesten Endspieltriumph, den eine deutsche Fußballmannschaft vorher und nachher feiern konnte. Wer dieses Spiel damals gesehen hat, der schwärmt heute noch davon. Das Olympiastadion in Berlin mit 100 000 Zuschauern zum Bersten überfüllt, dazu typisches Schalker Wetter, ein sonniger Junitag mit weißen Wolken und leichtem Wind, warm, aber nicht schwül. Selbst der Himmel war blau-weiß. Admira kommt mit Buchberger, Mirschitzka, Maritzka, Urbanek, Klacl, Hanreiter, Vogl, Hahnemann, Stoiber, Durspekt, Schilling. Schalke mit Klodt, Bornemann, Schweisfurth, Gellesch, Tibulski, Berg, Eppenhoff, Szepan, Kalwitzki, Kuzorra, Urban. Dies war die beste Vereinsmannschaft, die jemals ein Spielfeld betreten hat, alles Klassespieler mit einigen unerreichbaren Spitzen (Szepan, Kuzorra, Tibulski, Klodt, Urban, Gellesch), aber alle erzogen, nicht die eigene Leistung, sondern die Mannschaft herauszustellen. Jeder kannte seine Aufgabe, und jeder fügte sich in die Aufgaben der anderen ein. Es begann sofort mit einem wuchtigen Schuß Eppenhoffs an die Latte. Die Admira ist diesem ständigen Wirbel nicht gewachsen, die Spieler sind völlig überrascht, daß Schalke eigentlich wienerischer spielt als sie selbst. Mit blitzschnellem Wechsel der Kombinationen, so daß man nie weiß, wo denn nun überhaupt die größte

Die strahlenden Sieger nach dem 9:0 über Admira Wien. Von links: Schweisfurth, Bornemann, Klodt, Kalwitzki, Urban, Berg, Eppenhoff.

Foto: Archiv Schirner

Gefahr besteht, aber ohne jeden Schnörkel, wie ihn der Wiener Fußball liebt. Jeder Paß kommt an, jeder Paß ist zweckmäßig und dient dazu, die Position der Mannschaft zu verbessern. Typisch dafür das erste Tor durch Kalwitzki. Die Wiener Abwehr ist völlig auseinandergerissen, Kalwitzki steht frei vor dem Wiener Tor: 1:0. Zwei Minuten später 2:0 durch Urban. Die Admira-Spieler wollen noch nicht an den Zusammenbruch glauben, sie versuchen es mit Weitschüssen, mit denen sie aber Klodt im Schalker Tor nicht bange machen können. Sie haben kein Mittel gegen die nervenzerreibende Schalker Kombinationsmaschine und sind hilflos gegen den in keinem Augenblick nachlassenden Druck. Bis zur Pause noch zwei Kalwitzki-Tore, 4:0 für Schalke, das wäre als Endresultat schon eine Blamage.

Nach der Pause kommt es noch schlimmer. Die Admira wird geradezu umzingelt vom Schalker Kreisel. Dann passiert etwas Ärgerliches. Der zwanzigjährige Wiener Klacl schlägt Szepan mit einem genauen Haken auf die Kinnspitze k. o. Fritz Szepan heute: »Ich wußte gar nicht, was geschah. Es krachte bei mir im Kopf, und alles ringsherum war schwarz.« Klacl fliegt natürlich vom Platz, wird dann lebenslänglich gesperrt, später aber begnadigt. Im Krieg ist er dann in Rußland gefallen.

Der für diese grobe Unsportlichkeit verhängte Elfmeter bringt das 5:0. Die Admira hat beim Publikum völlig verspielt. Als der Dresdener Schiedsrichter Schulz den armen, zerfledderten Wienern auch etwas gönnen will und bei einer »angeschossenen Hand« Schweisfurths auf den Elfmeterpunkt zeigt, wütendes Gepfeife im Stadion, und als der Wiener Schilling den Strafstoß gegen den Pfosten schießt, großer Beifall im Publikum. Mit zehn Spielern haben die Wiener natürlich keine Chance mehr. Zum Schluß werden auch noch Vogl und Mirschitzka verletzt. Schalke spielt den Gegner »an die Wand«, Kalwitzki, der an diesem Tag einen ganz besonderen Torinstinkt hat, erzielt noch zwei Treffer — im ganzen also fünf. Szepan, nach seinem K.o. wieder fit, und Kuzorra beenden das Spiel mit 9:0. Schalke 04 ist Großdeutscher Meister mit einer einmaligen Leistung, gegen die die hochgerühmte Wiener Fußballkunst keine Chance hatte.

Durch den 9:0-Sieg über Admira Wien ist Schalke 1939 der erste großdeutsche Fußballmeister. Der Lorbeerkranz, den Spielführer Kuzorra hochhebt, kann nicht groß genug sein. Foto: Kurt Müller

Vor diesem Spiel — das sei festgehalten — spielt die Schalker Jugend gegen die Jugend der Admira. »Wie die Alten sungen« — mit echtem Kreisel siegen die Schalker Siebzehnjährigen mit 4:2. In der Mannschaft stehen Spieler wie Füller, Burdenski, Schuh, Dargaschewski, Barufka, Bensch, ureigenster Schalker Nachwuchs.

Wenige Wochen später brach der Krieg aus. Aber dieser 9:0-Sieg über die Wiener Admira ist der Höhepunkt — vorerst nicht der Abschluß — der merkwürdigen Geschichte des Vereins Schalke 04, der nun längst nicht mehr zu den Nehmenden im deutschen Fußball, sondern zu den Gebenden gehört. Die fanatische Liebe zum Fußball überhaupt, wodurch erst die geradezu Besessenheit zum Training gegeben wurde, das ständige Bestreben, sich selbst und die Mannschaft zu verbessern, dazu eine Spielart, die den unübertrefflichen Technikern und Kombinationsspielern auf den Leib geschneidert war, erfüllt den Wunschtraum eines jeden Fußball-Anhängers, einmal wenigstens dieses Spiel in Vollendung zu erleben.

Schalkes Weg zu diesem Ziel war hart und lang. Man darf dabei niemals vergessen, daß der Verein zu Beginn seiner Laufbahn kaum Unterstützung von außen fand. Die Spieler haben regelmäßig zusammengesessen, sich selbst kritisiert und in unendlicher Kleinarbeit überlegt, was man im Spielsystem verbessern könnte. Natürlich waren die meisten Schalker auf Lehrgängen des DFB, natürlich haben sie manches anderen Mannschaften abgesehen, aber der unverwechselbare Stil ist doch ihr ureigenes Produkt gewesen. Zwei überdurchschnittliche Könner, Szepan und Kuzorra, dazu eine ganze Reihe hochbegabter Talente, weiterhin eine vorzügliche Kameradschaft und die eiserne Unterordnung in die Belange des Mannschaftsspiels schufen den Höhepunkt, der zu dem 9:0-Sieg über die Admira führte.

Diese Zeit des Schalker Höhenflugs ist aus der deutschen Fußball-Geschichte nicht mehr wegzudenken. Die Königsblauen haben vielen Leuten viel Glück gegeben. Bei einem Sportpressefest in der Dortmunder Westfalenhalle, lange nach dem Krieg, restlos ausverkauft, spielten Szepan und Kuzorra in einer Altherren-Mannschaft mit. Ein Mann aus Dortmund, gerade aus langer Gefangenschaft zurückgekehrt, bat um eine Karte, »um einmal nur noch Ernst Kuzorra und Fritz Szepan spielen zu sehen.«

Natürlich klingt das alles wie eine Phrase und manches, was in der Siegesbegeisterung um Schalke gesagt wurde, war auch Phrase; aber es geht eben kein Weg daran vorbei, daß eine reine Arbeitermannschaft zum Idol der breiten Massen geworden ist, nicht nur in Schalke, nicht nur im Ruhrgebiet, sondern weit darüber hinaus. Und Idole brauchen keine Erklärung, sie sind eben da. Ihre Wirkung als »Lebensverschönerer« mag im Philosophischen erklärt werden. Wer auf Schalke schwor, glaubte sich lebenserfüllter als alle anderen.

Im Grauen Rock

Der Krieg war da. Zunächst ließ sich der Fußball kaum stören, nur im Spielbetrieb änderte sich manches. Fast alle Schalker Spieler waren beim Militär, wobei eine geschickte Hand dafür sorgte, daß die meisten in Garnisonen in der Nähe lagen, in Mülheim oder in Münster. Es waren die »Henkelmann-Soldaten«, die am Samstag fast regelmäßig Urlaub erhielten, um nach Schalke zu fahren, ansonsten aber den Kommandeuren den Gefallen taten, deren eigene Soldatenmannschaften zu verstärken.

Die neue Saison verzögerte sich etwas, wurde dann aber mit vollem Programm begonnen. Traditionsgemäß wurde Schalke wieder Westfalen-Meister. Die Gruppen zur deutschen Meisterschaft wurden jetzt nach regionalen Gesichtspunkten zusammengestellt, um lange Reisen zu sparen. Im Frühjahr 1940 standen also die vier Meister des Westens zusammen, Schalke 04, Fortuna Düsseldorf, Mülheimer SV und Kassel 03. Vorher hatte Schalke seine Hoffnungen auf den Pokal in Osnabrück begraben müssen. Im Tor von Osnabrück 99 stand ein hervorragender Tormann, Flotho. Sein Name wird in der Schalker Vereinsgeschichte später erwähnt.

Kassel wird 5:2 und 16:0 geschlagen, die Kölner Vorstädter Mülheim mit 8:2 und 5:0, diese besiegen aber ihrerseits die Fortuna, eine riesige Überraschung, 2:1, so daß Schalke gegen den Traditionsgegner Fortuna nur zwei Unentschieden braucht, um in der Vorschlußrunde zu sein.

Immerhin, das Gesicht der Schalker Mannschaft hat sich verändert. Gerade jetzt zahlt sich die großartige Jugendarbeit aus, so daß sie sich in dieser Phase auf ganz junge, noch nicht zum Militär eingezogene Spieler verlassen kann. Gegen die Fortuna steht die Mannschaft wie folgt: Klodt, Hinz, Gabriel, Füller, Tibulski, Burdenski, Eppenhoff, Szepan, Kalwitzki, Kuzorra, Schuh (der im übrigen eine Brille trug). In der Zwischenrunde wird Waldhof-Mannheim ausgeschaltet, während in Wien der Dresdener SC das Glück hat, daß sich Rapid Wien durch ein Selbsttor selbst erledigt. Endspiel im Berliner Olympiastadion gegen den Dresdener SC. Trotz der hochtönenden Namen der Vereine und der Qualität der eingesetzten Spieler wurde es das schwächste Endspiel jener Zeit. Dresden suchte sein Heil in der Verteidigung, obwohl die Stärke der Mannschaft der Sturm war. Schnell erzielte Kalwitzki nach einem gelungenen Kombinationszug das 1:0. Die Sachsen hätten jetzt angreifen müssen,

»Natz« Füller (links) versprach eins der ganz großen Schalker Talente zu werden. Er fiel in Rußland. Hier gibt er im Endspiel 1940 gegen den Dresdener SC im Berliner Olympiastadion an Kalwitzki vorbei den Ball nach vorn. Schalke gewann 1 : 0. Foto: Archiv Schalke

aber sie taten es nicht. So wurde Schalke durch dieses Tor zum fünftenmal Deutscher Meister.
Im Pokal bleibt man bei den Fürther Kleeblättern hängen. Das ist eben ein Wettbewerb, der den Knappen nicht liegt. Nun ja, schließlich ist man Deutscher Meister. Der Start zu den Gruppenspielen 1941 ist noch normal. Es gibt zwei Untergruppen, jedenfalls erreicht Schalke mit einem 4:1-Sieg über den VfL 99 Köln das Endspiel und trifft wieder auf einen österreichischen Geg-

ner, auf Rapid. Die Wiener haben einen fast zwei Meter langen Mittelstürmer, Bimbo Binder, der seit geraumer Zeit auch den Sturm der Nationalmannschaft anführt. Und inzwischen haben alle Wiener Vereine sich auf den Kreisel eingestellt. Sie haben die Vorteile des deutschen W-Systems eingesehen und ergänzen ihr Scheiberl-Spiel mit Kraft. Aber zuerst läuft bei Schalke alles nach Wunsch, 2:0 heißt es bis zur Pause, kurze Zeit später durch Eppenhoff 3:0. Es sieht so aus, als wenn Schalke als erster Verein es schafft, dreimal hintereinander Deutscher Meister zu werden.

Aber es sah nur so aus. Dem kleinen Tibulski gelingt es diesmal nicht, einen Mittelstürmer »an die Kette zu legen«, eben Bimbo Binder. Der wuchtige Wiener läßt sich auf nichts ein. Tibulski wird sogar bei seinen Abwehrmethoden unfair. Und als Schorsch das erste Gegentor erzielt, wendet sich das Blatt. Vom Kreisel ist nichts mehr zu sehen, er wird einfach überwalzt. Der erste Elfmeter gegen Schalke geht da-

Urban, Gellesch, Szepan (Anfang des Krieges) Foto: Archiv Schalke

neben, der zweite sitzt. Der dritte, eine etwas eigenartige Häufung und diesmal unberechtigt, bringt den Ausgleich. Schalke kommt nicht mehr in Tritt. Es ist das Spiel eines Mannes, des jetzt nicht mehr zu bremsenden Binders. Und kurz vor Schluß holt sich Rapid den Sieg.

Riesenenttäuschung bei Schalke. Man sah lange Zeit als der sichere Sieger aus, und wurde dennoch geschlagen.

Es war in jenen Kriegsjahren das letzte deutsche Endspiel, das unter halbwegs normalen Bedingungen ausgetragen wurde. Die Freistellungen werden schwieriger, von geordneter Vorbereitung auf ein wichtiges Fußballspiel ist kaum noch die Rede. Nur die Vereine — und zu diesen gehört Schalke —, die ein großes Reservoir an guten Spielern haben, bleiben auf ihrem Niveau. In der Pokalrunde gelingt den Königsblauen sogar gegen Austria Wien auf eigenem Platz noch einmal ein Paradespiel, von dem viele sogar meinen, es sei noch schöner, noch rassiger gewesen als das 9:0 gegen die Admira. Dieser Sieg nützt allerdings nicht viel, denn das Pokal-Endspiel gegen den Dresdener SC wird mit 1:2 verloren.

Schalke trägt eine Reihe von interessanten Freundschaftsspielen aus, vor allem gegen die sich überall bildenden Soldatenmannschaften. Diese sind zum Teil recht stark. In Paris siegt Schalke 3:1 und in Brüssel 6:0.

Aber die Zeiten werden immer schlechter. Auch der siebzehn- bis achtzehnjährige Nachwuchs muß zum Militär. Von den Nachwuchsspielern haben sich vor allem zwei in der ersten Garnitur bewährt: Burdenski und Füller. Vor allem »Natz« Füller — in Wirklichkeit hieß er Bernhard — schien ein As zu werden. Lang und schlank wirkte er in seiner Erscheinung in erster Linie wie Gellesch, aber man sagte ihm nach, er hätte die Übersicht von Szepan und die Durchschlagskraft von Kuzorra. Am meisten wurde Torwart Hans Klodt vermißt, der irgendwo schwer verwundet in einem Lazarett lag. Aber wie ein Glückszufall war rechtzeitig der Osnabrücker Flotho zu Schalke gestoßen, ein Torwart, der Hans Klodt sehr gut ersetzen konnte.

Auch die Spiele um die deutsche Meisterschaft werden jetzt im K.-o.-System ausgetragen. Es gibt keine Gruppenspiele um Punkte mehr, sondern der Verlierer scheidet aus. Pokalwettbewerb und Meisterschaft laufen fast gleichzeitig. In der Westfalen-Meisterschaft hat Schalke nach wie vor nichts zu befürchten, zum Teil gibt es die gewohnten hohen Resultate (11:1 gegen Arminia Bielefeld, 12:0 gegen Herten). Im Meisterschaftswettbewerb trifft man auf einen merkwürdigen Gegner, auf den 1. FC Kaiserslautern mit einem genialen Mittelstürmer: Fritz Walter. Damals wußte man nicht, daß dieser blutjunge Spieler einmal der Ehrenspielführer der deutschen Nationalmannschaft werden sollte. Da aber eine Elf nicht nur aus einem Mittelstürmer besteht, gewann Schalke 9:3. Auch die beiden nächsten Spiele — alle in der Glück-

auf-Kampfbahn ausgetragen — werden hoch gewonnen: 6:0 gegen Straßburg — die wunderschöne Stadt gehörte ja auch wieder zum Großdeutschen Reich — und das gleiche Ergebnis gegen die Offenbacher Kickers.
Schalke ist wiederum im Endspiel, und wieder gegen eine Wiener Elf: Vienna. Außer Gellesch kann Schalke noch einmal seine Kanonen zusammenkratzen: Flotho, Hinz, Schweisfurth, Bornemann, Tibulski, Burdenski, Kalwitzki, Szepan, Eppenhoff. Schalke gewinnt durch Tore von Kalwitzki und Szepan das Spiel 2:0, aber der beste Mannschaftsteil ist diesmal die Abwehr, die die zum Schluß stark aufkommenden Wiener sicher halten kann. Schalke 04 ist zum sechstenmal deutscher Fußballmeister und hat damit den Rekord des berühmten 1. FC Nürnberg erreicht.
Noch einmal sind die Knappen im gleichen Jahr in einem Finale im Berliner Olympiastadion, im Endspiel um den Pokal gegen München 60. Sie spielen noch einmal groß auf, werden aber 2:0 geschlagen.
Damit ist die Zeit der großen Schalker Endspiele vorbei. Seit 1927, als man zum erstenmal Westdeutscher Meister wurde, war Schalke 04 an den Spielen um die deutsche Meisterschaft beteiligt, bis auf das Jahr der Sperre, 1930. Neunmal stand die Mannschaft im Endspiel um die deutsche Fußballmeisterschaft, sechsmal wanderte die Victoria nach Schalke. Fünfmal erreichte man das Finale um den DFB-Pokal, der aber nur einmal, im Jahre der Doppelmeisterschaft, 1938, gewonnen werden konnte. Die Stadt Gelsenkirchen verlieh den Spielern des zurückkehrenden sechsfachen deutschen Fußballmeisters den Ehrenring der Stadt Gelsenkirchen. Inzwischen wurde der Krieg immer erbarmungsloser. Das Publikumsinteresse für den Fußball wich immer mehr der Sorge um die Angehörigen im Feld. Entsprechend waren auch die Aufstellungssorgen. Kuzorra und Szepan standen als Feldwebel bei einer Flakeinheit für Katastropheneinsatz in Essen-Kray. Das war anfangs sicher ein Druckposten, aber später, als die Bomben zu Bombenteppichen wurden, ein unangenehmer und gefährlicher Dienst. Tibulski wurde verwundet, Bernhard Füller fiel. Urban folgte ihm, der eine, ein ganz Großer des deutschen Fußballs, der andere auf dem Wege dazu.
Zu dieser Zeit hatte der Verein das Glück, in Heinrich Pieneck einen Mann zu Hause zu haben, der wenigstens den Geschäftskram zusammenhielt. Pieneck, bis dahin Geschäftsführer, hatte nach dem Tod Heinrich Tschenschers anfang des Krieges auch den Vorsitz von Schalke 04 übernommen. Die Mannschaft kann sich sogar noch verstärken. Hans Klodt, von seiner Verwundung genesen, spielt wieder mit, so daß Schalke jetzt mit Flotho sogar zwei hervorragende Torleute hat. Dazu kommen zwei junge Spieler aus dem Nachwuchs, Klodts kleiner Bruder Berni und der jüngere Berg, dann der lange Pliska aus Gelsenkirchen, aus Meiderich Gavliczek, aus Essen Winkler.

So läßt man den Fußball weiter rollen und versucht, den Kreisel tanzen zu lassen. Aber schon jetzt muß man feststellen, daß der Zahn der Zeit auch die Fußballer nicht verschont. Kuzorra ist mittlerweile 38, Szepan 36 Jahre alt. Die gediegene Tradition der führenden deutschen Fußballmannschaften ist ohnehin vorbei. Die Vereine, die die stärksten Garnisonen mit den besten Gastspielern haben, geben den Ton an, soweit bei den Kriegsereignissen überhaupt noch ein Ton gesagt werden kann. Schalke tritt aber immerhin wieder in den Wettbewerben um Meisterschaft und Pokal an, nachdem man die Gaumeisterschaft glatt gewonnen hat. Es läßt sich auch zunächst alles ganz gut an. In der ersten Runde um die deutsche Meisterschaft wird Kassel 8:1 geschlagen, ebenso die Matrosenelf von Wilhelmshaven, in der der Schalker Barufka mitspielt. Aber gegen Holstein Kiel ist bereits Schluß mit dem Siegen. Mit 1:4 ist Schalke draußen.
Genauso kommt es im Pokal. Man erreicht zwar das Endspiel gegen Vienna Wien in Frankfurt, aber es wird eine bittere Niederlage. Bei der Vienna spielen die Hamburger Noack und Dörfel, aber daran allein liegt es nicht, daß Schalke mit 2:6 die höchste Niederlage seit Jahren einstecken muß. An den beiden großen Wettbewerben des deutschen Fußballs sind die Knappen nicht mehr beteiligt. Indessen, auch 1944 erscheint Schalke wieder am Start zur deutschen Fußballmeisterschaft, zum siebzehntenmal. Der erste Gegner, die KSG Köln, die sich aus dem VfL 99 und Sülz gebildet hat — aus der später der 1. FC Köln entstand —, wird 5:0 geschlagen.
Dann gibt es eine Parallele in der Schalker Vereinsgeschichte. In der Duisburger Wedau, in der man 1927 gegen den Altmeister Duisburger Spielverein Westdeutscher Meister wurde, müssen die Königsblauen gegen die KSG Duisburg antreten, in der in erster Linie die Spieler des Duisburger Spielvereins stehen. Und diese nehmen Revanche für die Niederlage ihrer Väter. Schalke spielt mit Flotho, Berg II, Schweisfurth, Kanthak, Tibulski, Gellesch, Winkler, Szepan, Eppenhoff, Kuzorra, Schuh. Die große Enttäuschung ist der eben aus dem Lazarett entlassene Gellesch. Er kommt nicht mehr mit; mit 0:2 muß Schalke wiederum die Segel streichen. Ein Altmeister.
Als letzter jener Fußballepoche vor dem endgültigen Zusammenbruch wird der Dresdener SC Deutscher Meister. In Dresden ging auch die Bronzestatue der Victoria verloren. Wo sie geblieben ist — wer weiß es?
Das Inferno der Bomben wird immer fürchterlicher. Schalke tritt im Herbst noch einmal um die westfälische Meisterschaft an. In Witten steigt das letzte Spiel. Als es 6:2 für die Knappen steht, erscheinen die Jagdbomber. Aus und zu Ende. Das nächste Spiel in Schalke soll gegen Westfalia Herne ausgetragen werden. Es kommt nicht mehr zustande. Was Schalke äußerlich verkörperte, ist ausradiert: Das Glück-

Bratkartoffelspiele

auf-Stadion zerstört, das Spielfeld ein Trichterfeld, der Schalker Markt ein Haufen Trümmer. Mutter Thiemeyers Stammlokal ist ausgebrannt, vernichtet sämtliche Trophäen, Pokale, Ehrenpreise, Plaketten und Wimpel, die Schalke seit seinem Auftreten im Jahre 1924 sammeln konnte.
Am Tage vorher wurde Vater Unkel, über 80 Jahre alt, begraben.

Es waren die Alten, die die Reste sammelten, die vor allem die ungeheure Last der Würde und der Bürde des Ruhms zu verkraften hatten. Das Deutsche Reich war zerschlagen. Die Sieger schufen die Besatzungszonen, der Kölner Karneval erfand das Spottwort von »Trizonesien«. Die Fußballverbände mußten sich nach dieser neuen Einteilung richten.
Um Szepan und Kuzorra sammelten sich Klodt, Tibulski, Sontow, Dargaschewski, Schweisfurth, Winkler, Hinz, Kalwitzki, Berg II, Pliska, Kanthak. Eppenhoff und Zwickhofer befanden sich noch in russischer Gefangenschaft, Urban und Füller waren gefallen, Walter Berg, das erfuhr man später, bei einem Ausbruchsversuch aus einem tschechischen Kriegsgefangenenlager umgekommen. Die Glückauf-Kampfbahn war völlig unbespielbar. Ab Juli 1945 trägt der Rest der Schalker Meistermannschaft 18 Spiele auf auswärtigen Plätzen aus – und gewinnt sie alle, zum Teil mit Resultaten aus der großen Zeit (Byfang 19:1, Westerholt 10:1). Aber diese Ergebnisse haben nichts zu sagen, denn die anderen Vereine sind in der gleichen Lage wie Schalke. Es versucht jeder, auf »eigene Kanne Bier« über die Zeit zu kommen; jeder, der den Krieg überstanden hat, braucht in erster

Linie eine Unterkunft und eine Existenz. Man schwimmt zwar in Geld, aber die Reichsmark ist nichts mehr wert. »Kungeln« wird großgeschrieben.

Schalke führt in dieser Zeit der frei vereinbarten Freundschaftsbegegnungen eine ganze Reihe von »Kartoffelspielen« durch (in Leer, in Ochtrup, in Erwitte, in Lemgo, in Uelzen und so weiter und gewinnt sie alle). 1946 konstituierte sich ein vorläufiger Westdeutscher Fußballverband in Essen, der einen neuen Meisterschafts-Spielbetrieb vorbereitet. Zunächst übernimmt man die alte Gliederung in Gauen (Westfalen, Niederrhein, Mittelrhein). Wegen der Schwierigkeiten der Verkehrsverbindungen wird in kleinen Gruppen angefangen. Am 9. März 1946 trägt Schalke sein erstes Meisterschaftsspiel aus, 4:1 gegen Alemannia Gelsenkirchen.

Inzwischen ist die Glückauf-Kampfbahn soweit wieder hergerichtet, daß der Platz bespielbar ist. Alles, was in Schalke gut schalkisch ist — und das ist nicht wenig —, hat angefaßt: Vereinsmitglieder, Spieler, Anhänger. Das erste Spiel steigt gegen Westfalia Herne und wird 5:0 gewonnen. Es sieht so aus, als wenn Schalke an seine alte Tradition anknüpfen kann. Aber zum erstenmal nach zwölf Jahren wird Schalke nicht Westfalen-Meister. Den Königsblauen ist im eigenen Lande ein junger, kraftvoller Gegner entstanden: Borussia Dortmund. Mit diesem Verein werden die Königsblauen im Laufe der Jahre noch viel Ärger haben.

Die Meisterschaftsspiele jener Jahre sind in ihrer Durchführung ein wenig dubios. Schalke kann immerhin in der Runde der zweiten an einer provisorischen »Zonenmeisterschaft« teilnehmen. Alemannia Aachen wird 5:0 und der Erzfeind Fortuna Düsseldorf 4:0 geschlagen. Als man aber den Zonenmeister und damit eine Art Meisterschaft von Rest-Deutschland gewinnen will, stellt der HSV den Knappen ein Bein. In Hamburg erreicht man ein 0:0, beim Rückspiel in Gelsenkirchen verliert Schalke 0:2.

Fritz Szepan hatte an den Spielen dieser Saison nicht teilnehmen können. Aber am Schalker Markt kommt man langsam zu der Einsicht, daß die großen Zeiten vorüber sind. Der Krieg hatte ganze Familien auseinandergerissen, viele alte Stammspieler suchten eine neue Heimat. Die meisten von ihnen hatten inzwischen eine Trainerlizenz und blieben damit irgendwo hängen. Hans Klodt ging nach Beckum, Rudi Gellesch nach Lübbecke, Flotho in seine Heimat Osnabrück zurück. Auch Pliska und Gavliczek spielten wieder bei ihren alten Vereinen.

Je mehr sich die Zeiten normalisierten, desto kritischer trat die Frage der Existenz an die alten Haudegen der Schalker Meistermannschaft heran. Reich ist keiner geworden von den berühmten Spielern, einige haben als kleine Kaufleute oder als Gastwirte eine gesicherte Existenz, die meisten kehrten als Angestellte oder kleine Handwerker in die Berufe zurück, die sie vor ihrer aktiven Sportlaufbahn ausgeübt ha-

Zwischen die Alten reihen sich die Jungen ein. Ein Bild aus den ersten Kriegsjahren. In der Mitte Hermann Eppenhoff, vor und nach dem Krieg eine der großen Stützen Schalkes. Eppenhoff ist heute ein erfolgreicher Trainer.
Foto: Archiv WAZ

ben. Von den Millionen, die sie zum Rollen brachten, ist bei ihnen selbst kaum etwas hängengeblieben. Die Rieseneinkünfte, wie sie heute Spieler wie Franz Beckenbauer oder Uwe Seeler beziehen oder bezogen, gab es damals nicht, und Reklame mit ihren Namen war ihnen nicht gestattet. Ja, man nahm damals Ernst Kuzorra übel, daß er seinen zwar schlichten, aber bekannten Namen über sein Zigarrengeschäft setzte. Honorare, wie sie Haller und Schnellinger in Italien beziehen, waren utopisch. Viel mehr als der Ruhm ist den großen Schalker Spielern nicht geblieben, und das verwöhnte Volk von Schalke erwartete, daß dieser erhalten blieb. Man stand immer noch mit Fanatismus hinter seinem Verein, der aber nicht mehr Siege am laufenden Band liefern

Der Lorbeer welkt

konnte. Die Mannschaft war überaltert, und das Angebot aus der Jugend, auf das Schalke früher ständig zurückgreifen konnte, war nicht mehr vorhanden. Viele Spieler, die diese Zeit hätten überbrücken können, standen in den Reihen anderer Vereine.
Außerdem hatte sich der Fußball in seiner Organisation grundsätzlich geändert. Vier Verbände entwickelten sich zu festen und lebensfähigen Trägern des langsam stärker werdenden Spiels, genau auf die Zonen abgestellt, die die Alliierten geschaffen hatten: West, Nord, Süd, Südwest und dazu Berlin. In allen Verbänden wurde eine einheitliche Oberliga gebildet. Im Westen bestand sie zunächst aus dreizehn Vereinen: Borussia Dortmund, Katernberg, Horst-Emscher, Hamborn 07, Rot-Weiß Oberhausen, Schalke, Fortuna Düsseldorf, Erkenschwick, Alemannia Aachen, Vohwinkel 80, Preußen Dellbrück, VFR Köln, VfL Witten. Das war mehr oder weniger ein Provisorium, aber Schalke kam in den ersten Meisterschaftsspielen über einen guten Mittelplatz nicht hinaus.

Nach der Währungsreform hörte das »Kungeln« auf, und die D-Mark wurde hart und immer härter. Auch der DFB konstituierte sich wieder. Alle Welt war sich darüber klar, daß der »reine Amateur«, soweit er überhaupt jemals existiert hatte, auch in der Theorie überlebt war. Der Westen trat unter Führung des Notars Constanz Jersch energisch für den reinen Profi ein, aber er drang damit nicht durch. So kam es wieder zu einer Krampflösung. Man erfand den Vertragsspieler. Dieser mußte einen Beruf haben und durfte bis zu vierhundert Mark im Monat von seinem Verein beziehen. Es waren wahre Eiertänze.
Es ging aber noch um etwas anderes. Die Verbände, also auch der Westdeutsche Fußballverband, waren eigenartige Gebilde. Stimmberechtigt auf den Verbandstagen waren die Vertreter der Kreise, aus denen sich die Verbände zusammensetzten. Die Delegierten wurden auf den Kreistagen gewählt, was den großen Vereinen ausgesprochen lästig war. Sie schickten deshalb jemand dorthin, der sich halbwegs mit der Sache befaßte, sonst hatte man kein Interesse daran, da sich die Kreistage in erster Linie mit den Belangen der unteren Klassen beschäftigten. Es gab hier seit eh und je Leute, die für den Fußball zwar notwen-

dig waren, aber denen die Kirchturmspolitik über das allgemeine Wohlergehen des deutschen Fußballs ging.
Und diese »Vereinsmeier« waren die Stimmberechtigten auf den Verbandstagen. Sie hatten allemal nur eine Sorge, daß die führenden Vereine ihnen die guten Spieler aus ihren Reihen nicht weglockten. Die alten »Torstangenträger« schworen natürlich auf den reinen Amateur, da sie außer ein paar Spesen ihren Spielern nichts bezahlen konnten. Auf die Dauer ließen sich natürlich die qualifizierten Spieler nicht halten, aber die »Kleinen« versuchten immer wieder, den »Großen« Steine in den Weg zu rollen.
Wie gesagt, anstatt nun durch eine klare Entscheidung zu einer vernünftigen Lösung zu kommen, gab es eben diese Zwitter der Vertragsspieler, die wiederum Hintertür und -tor für alle möglichen Schiebungen öffneten.
Es kam noch ein weiteres hinzu, was gerade Schalke bitter reuen mußte. Im Lande begannen clevere Manager, meist Großkaufleute oder sogar Industrielle, entweder aus Lokalpatriotismus oder aus Freude am guten Fußball »ihren« Verein zu organisieren. Diese Leute dürfen um keinen Deut abgewertet werden, da sie selbst zu persönlichen Opfern bereit waren. Sie kannten den Fußball, die Verbände, die Spieler. Sie wollten eben, und sei es nur als Hobby, ihren Verein an der Spitze sehen.
Selbst den Amokläufer Canellas aus Offenbach, der den Bestechungsskandal unserer Tage auslöste, muß man mit Einschränkungen dazurechnen. Im Westen waren es vor allem der Kölner Franz Kremer, der aus seinem 1. FC Köln ein deutsches Real Madrid schaffen wollte, weiter der Essener Großindustrielle Georg Melches, der den kleinen Verein, in dem er in seiner Jugend gespielt hatte, zum Deutschen Meister bringen wollte — was ihm auch gelang. Den Oberhausener Großkaufmann Peter Maaßen muß man dazurechnen, für den sein Rot-Weiß Oberhausen sein Einundalles war.
Und ein solcher Mann fehlte den Schalkern, hat ihnen eigentlich ständig gefehlt. Im Nachhinein ist ihre Leistung deswegen so einzigartig, als sie ihren Weg ganz allein aus eigener Kraft geschafft haben. Aber jetzt hätten sie einen Manager und Mäzen gut gebrauchen können. Wie zu Beginn mußten sie auch den Neuanfang aus eigener Kraft bestehen.
Im Spieljahr 1948/49 hatte Schalke noch einen sicheren Mittelplatz in der Tabelle. Schon ein Jahr später standen die berühmten Königsblauen, der sechsfache Deutsche Meister, an vorletzter Stelle und war mit Katernberg eigentlich zum Abstieg verurteilt. Mannschaften, die die Knappen früher am kleinen Finger durch die Arena führten, landeten jetzt sichere Siege (Erkenschwick, Rhenania Würselen, STV Horst). Es sah bedenklich nach einem Absturz aus.
Da aber kamen zwei Spieler aus russischer Gefangenschaft zurück: Eppenhoff und

Zwickhofer. Eppenhoff gehörte noch zum Stamm der alten Meister, Zwickhofer zu jener Kriegs-Übergangsgeneration. Beide beherrschen immer noch das Schalker Kombinationsspiel, sie gaben vor allem der ziemlich deprimierten Mannschaft Rückgrat; so gewann man die beiden Aufstiegsspiele gegen Bayer Leverkusen (1:0) und Benrath (9:0) und fand wieder Anschluß an die auf 16 Vereine aufgestockte Oberliga West.

Das Aufatmen konnte man weit über Schalke und Gelsenkirchen hören: Schalke kann wieder siegen! Überhaupt, die Schwierigkeiten der ersten Nachkriegsjahre waren zwar mit Mühe, aber doch mit allen Hoffnungen für die Zukunft überwunden. Dem neuen Vereinsvorsitzenden, dem Fabrikanten Albert Wildfang, gelang es, den auseinandergefallenen Haufen wieder kameradschaftlich zusammenzuschließen. Es gab, wie in den Anfangszeiten, wieder ein »Schalker Familienleben«. Am 31. August übernahm Fritz Szepan den Posten eines Vereinstrainers, nachdem die Versuche mit neuen Trainern nach dem Krieg nicht eingeschlagen waren. Er brachte dazu die besten Voraussetzungen mit: Erfahrung, Spielkunst, seine liebenswerte Art — und die Verkörperung des Schalker Ruhms.

Symbol dafür, das Schalke 04 von seiner Tradition allein nicht leben konnte, war das Freundschaftsspiel gegen den brasilianischen Meister Belo Horizonte am 12. November 1950. Es ist das Abschiedsspiel für die beiden Begründer der Schalker Erfol-

Die beiden Schwäger Fritz Szepan und Ernst Kuzorra, einmal auf der Höhe ihres Ruhms, um 1932. Man be-

ge: Ernst Kuzorra und Fritz Szepan. Sie verabschiedeten sich von ihrem Publikum.

hängen. Kuzorra war mittlerweile 45, Szepan, seit Jahren schon von der alten Fußballer-Krankheit, dem Rheuma, geplagt, 43 Jahre alt geworden. 30 Minuten brillierten sie noch. Dann pfiff der Schiedsrichter ab und Arm in Arm, ruhig und gelassen, verließen die beiden den Platz.

Es war ein stiller Abschied. Die Zuschauer klatschten zwar, aber es war mehr ein trauerndes Gedenken als rauschende Ovationen. Man wußte, daß mit dem Abgang der beiden Schwäger die Schalker Hochstimmung in anderen Tönen klingen würde, wenn sie überhaupt noch klingen sollte. Andere Spieler, neue und jüngere, mußten versuchen, den Ruf des Schalker Fußballs so zu vertreten, daß die nach wie vor vorhandene riesige Anhängerschaft zwar nicht die Genialität des mitreißenden Kreisels noch einmal erleben, daß sie wenigstens aber den Rausch des Sieges feiern konnte.

achte die kurzgschnittenen Haare, das zweite Mal bei ihrem Abschied vom aktiven Fußball im Jahre 1950.
Fotos: Archiv Mittag

Es half nichts, sie mußten als aktive Mannschaftsspieler die Schuhe an den Nagel

Fußball und Geschäft

Der Fußball hatte, was die Vereine betraf, sein Gesicht gewandelt. Natürlich hatte man auch früher nicht allein von der Luft und Liebe gelebt — ganz im Gegenteil —, wenn auch nicht darüber viel geredet wurde. In dieser Beziehung sah man jetzt klarer. Aber neben Tradition, Kameradschaft und echter Liebe zu den königsblauen Farben wurden die Spieler von einer Frage geleitet, die auf gut schalkisch schlicht und einfach mit dem Satz gekennzeichnet wird: »Wie is dat mitti Mücken?«
Zunächst ging es in den Oberligen noch verhältnismäßig zahm zu, aber mit einem Salär von vierhundert Mark im Monat zuzüglich 100 Mark Spesen konnte kein Fußballer ernstlich trainieren oder einen Beruf ausfüllen. So wurde die Schlange geschaffen, die sich ständig in den Schwanz beißt. Wollte man seine Spieler bezahlen, so brauchten die Vereine Geld und damit Zuschauer. Diese kamen nur, wenn die Mannschaft gute Spiele bot, zu guten Spielen brauchte man gute Spieler. Gute Spieler kamen nur, wenn man ihnen Geld bot, bares Geld in die Hand, und zweitens beachtliche Zuwendungen, das heißt, gutbezahlte Stellungen, in denen man sich nicht zu schinden brauchte, Wohnungen, Hausrat. Berühmter Zuruf jener Zeit von einer Spielerfrau auf der Tribüne: »Willi, gib dem nicht den Ball, dessen Frau hat schon eine Waschmaschine!«
Die Vereine — und zwar nicht nur einzelne, sondern alle — brauchten also Schwarze Kassen, die sie weder dem Finanzamt noch dem Verband präsentieren durften. Es begannen die Eiertänze um die Spielerziehungen, die sowohl von einzelnen Vereinen als auch von vielen Spielern übertrieben wurden. Langsam aber sicher schnitten viele Kicker der Gans, die ihnen goldene Eier legte, den Hals ab. Gerade in jenen Tagen des Anfangs fehlte dem Deutschen Fußballbund die Einsicht, durch überlegte Maßnahmen den bezahlten Fußball — denn die Vertragsspielerei war schon bezahlter Fußball — in vernünftige Bahnen zu lenken. Niemand kannte Maß und Grenzen. Bekannt ist ein Ausspruch, den der Bundestrainer Herberger damals tat: »Viele Oberligaspieler, die stramm bezahlt werden, müßten eigentlich noch Geld mitbringen, um überhaupt mitspielen zu dürfen.«
Jedenfalls, in den Oberligazeiten mischte die neue Mannschaft von Schalke 04 noch ganz gut mit. Fritz Szepan hatte wieder eine schlagkräftige Elf zusammengebastelt. 1950 erscheint zudem Schalkes letzter großer Stürmer. Nach einem kurzen Zwischen-

spiel beim STV Horst-Emscher war Berni Klodt zu seinem alten Stammverein zurückgekehrt und trug wieder die königsblauen Farben.

Berni Klodt, eher schmächtig als kräftig, war ein Vollblutstürmer bester Schalker Schule. Als Flügelstürmer unerhört schnell, ging er mit dem Ball um, als wenn er ihm am Fuß klebte. Dazu kam ein satter, voller Schuß, scharf und überraschend. Es war ein Tanz mit dem Ball, wenn man ihn spielen sah. Es ist immer wieder erstaunlich, wieviel eine gute und starke Mannschaft erreichen kann, wenn sie nur ein As in ihren Reihen hat.

So erholt sich Schalke langsam wieder in diesen Oberligazeiten. In diesem Jahr 1950, in welchem sich Kuzorra und Szepan offiziell verabschieden, wird Schalke wieder Westdeutscher Meister. Neben Klodt, Zwickhofer und Eppenhoff tauchen eine ganze Reihe neuer Namen auf, die zwar alle brauchbare Fußballspieler sind, aber die doch mehr ihre Verdienste in der Mannschaftsleistung haben als daß sie sich aus der Vereinschronik stärker hervorheben. In den Spielen um die Deutsche Fußballmeisterschaft, die nach dem gleichen System wie vor 1933 ausgetragen werden, wird Schalke hinter Kaiserslautern allerdings nur zweiter.

Man hat sich jetzt mit den starken Vereinen des Westens herumzuschlagen. So leicht wie bei den Westfalen-Meisterschaften hat es die Mannschaft nicht mehr. Der Westen ist mittlerweile — und Schalke hat sein gerüttelt Maß dazu beigetragen — die Hochburg des deutschen Fußballs geworden. Schalke hat es in erster Linie mit Borussia Dortmund, dem 1. FC Köln und Rot-Weiß Essen zu tun. Und immer noch strömen die Massen. Kein Verein im Westen hat so viele Zuschauer wie die Knappen. Es half alles nichts, man mußte die Glückauf-Kampfbahn umbauen. Dieses Unternehmen geriet ein wenig zu kostspielig und aufwendig, was sich später als großer Fehler herausstellte: Der Platz von Schalke lag immer noch im dichtesten Industrieviertel, wo Möglichkeiten zum Parken fehlten.

Zu dieser Zeit hatte Schalke zwanzig Spieler unter Vertrag, auch dies war ein bißchen viel. Im nächsten Jahr, 1952, erreichte die Mannschaft hinter Rot-Weiß Essen den zweiten Platz. In der Vorschlußrunde klappte es indessen wieder nicht, hinter Saarbrücken, Nürnberg und Hamburg kam man nur auf den letzten Platz der Endrundentabelle. Noch schlechter schnitt die Mannschaft 1953 ab, sie rutschte an die sechste Stelle. Aber das hatte nicht viel zu sagen, die Elf war ihren Gegnern immer noch gewachsen.

Es kam das Jubiläumsjahr 1954, Schalke 04 war offiziell 50 Jahre alt. Ein Jahr zuvor hatte der Rechtsanwalt Möritz Albert Wildfang abgelöst. Sicher ein stattlicher Mann, allerdings war seine Praxis nicht bedeutend. Man hatte den Eindruck, als wenn er sich ein wenig an den Posten des Vorsitzenden herangedrängt hatte. Vorsitzender von Schalke 04, damit die offizielle Spitze

Die Begeisterung über die Erringung der Fußball-Weltmeisterschaft 1954 in der Schweiz kannte in ganz Deutschland keine Grenzen. Hier ist der Bahnhofsvorplatz in Gelsenkirchen überfüllt, als der Schalker Berni Klodt, der zum Kader der deutschen Weltmeister-Mannschaft gehörte, zurückkehrte. Foto: Archiv WAZ

eines Vereins, der so tief in der gesamten Bevölkerung Gelsenkirchens verankert und darüber hinaus im ganzen Ruhrgebiet verwurzelt war, das war schon eine Stellung von bemerkenswerter Repräsentation. Als Chef von Schalke galt man was, und es er-

schienen viele Leute auf der Bühne, die am Herd der Schalker Popularität ihr eigenes Süppchen kochen mochten. Die Zeiten Papa Unkels und seiner Nachfolger Tschenscher und Pieneck waren dahin, als ein schlichter Vorstand sich genauso selbstverständlich

in den Dienst der Mannschaft stellte wie die Spieler selbst.
Jedenfalls zog Möritz ein Jubiläumsfest auf, das sich gewaschen hatte. Jubel, Trubel und Heiterkeit herrschte am Schalker Markt, ohne jeden Zweifel wurde dieses Jubiläum viel zu üppig gefeiert. Und es verschlang Unsummen an Geld.
Auf der anderen Seite kam die Fußball-Weltmeisterschaft in der Schweiz. Berni Klodt war dabei, er wurde in den Vorspielen eingesetzt. Aber eins muß festgehalten werden: So herrlich Berni auch in seiner Stamm-Mannschaft spielte, in der Nationalelf zeigte er nicht immer was er konnte. Man hatte immer den Eindruck, als wenn ihn die fremde Umgebung schüchtern machte. Trotzdem hat er 19mal in der Nationalmannschaft gespielt, und das mit Recht, denn an seinem mannschaftsdienlichen Spiel bester Schalker Schule konnte Bundestrainer Herberger nicht vorbei. Es kam die Weltsensation: Deutschland wurde in diesem Turnier mit einem 3:2-Sieg über Ungarn, den haushohen Favoriten, Weltmeister.
Der gesamte deutsche Fußball — Schalke einschließlich — konnte vor Kraft kaum gehen. Für Schalke waren die Weltmeisterschaften von besonderer Bedeutung, denn in der Schweiz wurde der Trainervertrag mit dem Wiener Edi Frühwirth perfekt gemacht.
Frühwirth, ein liebenswerter, echter Wiener, verstand etwas von Psychologie und Fußball. Er hing natürlich noch am Scheiberlspiel und stand damit dem Schalker Kreisel nahe. Als er zum erstenmal mit der Mannschaft zusammentraf, versuchte er einen Test. Auf dem Tisch stand ein Aschenbecher, und Frühwirth bewegte sich so, als wenn er unbeabsichtigt den Aschenbecher vom Tisch stieße. Der einzige, der hinzusprang, um den Aschenbecher zu retten, war Zwickhofer.
Der neue Trainer war sich klar, daß er den sturen Westfalen einiges beibringen mußte; spielen, stürmen und blitzschnell die Lage erkennen — wie es eben die Alten konnten. So begann er die Mannschaft zu formen. Fritz Szepan, sein Vorgänger, war inzwischen auf eigenen Wunsch als Trainer zu Rot-Weiß Essen übergewechselt. Die Essener waren eine großartige Mannschaft geworden. Sie hatten 1953 den Pokal gewonnen mit Fritz Herkenrath, dem besten Torhüter, den die deutsche Nationalmannschaft je aufweisen konnte, im Tor, vor allem mit Helmuth Rahn, dem Held von Bern, der gegen die Ungarn den Siegestreffer schoß. Und Fritz Szepan erlebte die Genugtuung, als Trainer von Rot-Weiß 1955 zum siebtenmal Deutscher Meister zu werden.
Soweit war Edi Frühwirth noch nicht. Schon Szepan hatte begonnen, die Mannschaft zu verjüngen. Zunächst bekam er viel Ärger, als er Otto Laszig, Jagielski und Piontek in die erste Garnitur aufrücken ließ. Auf die Dauer gaben ihm aber die Erfolge recht. Aus Kassel stieß Günther Siebert zu Schalke, die »Forelle« wie er genannt wurde,

Fußball-Weltmeisterschaft 1958 in Schweden. Der schwedische König begrüßt die deutschen Spieler. Neben dem deutschen Kapitän Fritz Walter, dem der schwedische König gerade die Hand gibt, Berni Klodt von Schalke 04.
Foto: UFA

aber nicht wegen seiner Spielart, sondern weil er so gern Forellen aß. Siebert war kein Superfußballer, aber ein wuchtiger Sturmtank mit einem sicheren Schuß.

Die Schalker Mannschaft, die Frühwirth dann 1957 zur westdeutschen Meisterschaft führte, war äußerlich in der Spielart und in der Balltechnik nicht so geschlossen wie die der alten Meister, aber sie war ein schlagkräftiges Team, in welchem jeder Spieler seine Aufgabe genau kannte und sich auch darauf einzustellen wußte. In dieser Oberligasaison sah es gar nicht so aus, als wenn Schalke die westdeutsche Meisterschaft erreichen würde. Die Aachener Alemannia ging vom Start weg auf und davon und schien in einem unaufhaltsamen Siegeslauf alles hinter sich zu lassen. Erst gegen Ende der Saison wurden die Aachener von Schalke und dem 1. FC Köln abgefangen. Es war wieder ein Jahr der Fußball-Weltmeisterschaft — jetzt in Schweden —, und Berni Klodt gehörte wieder zum deutschen Aufgebot. Wegen dieser Veran-

Wie in alten Zeiten

staltung wurde aus Terminnot die Vorrunde in einer einfachen Runde auf neutralen Plätzen ausgetragen. Schalke gewann in seiner Gruppe klar und deutlich mit nur einem Gegentor: 4:1 gegen Eintracht Braunschweig, 9:0 gegen Tennis Borussia Berlin und gegen den Südmeister Karlsruhe mit 3:0. In der anderen Gruppe hatte der HSV (mit Uwe Seeler!) ebenfalls ohne Niederlage das Endspiel erreicht.

In der Schalker Elf, die in das Stadion von Hannover einlief, stand Orzessek im Tor, ein stämmiger kleiner Gummiball, der die unmöglichsten Sachen hielt, aber viele mögliche passieren ließ. Vor ihm in der Abwehr spielten mit Sadlowski und Brocker zwei harte Verteidiger, die kaum zu überlaufen waren und weiter als »Stopper« — dieser Begriff kam damals auf — Otto Laszig, ein langer aufgeschossener Mann aus der Schalker Jugend mit viel Übersicht und wuchtiger Schußkraft. Er hätte nur etwas schneller sein müssen, um ein wirklich erstklassiger Fußballspieler zu sein. Trotzdem war zusammen mit den Außenläufern Borutta und dem gerissenen Karnhoff die Mittelreihe das Rückgrat der Elf. Als Rechtsaußen spielte **Koslowski**, »der Schwatte«, Schalker Eigengewächs und einer der wohl listigsten Stürmer, die jemals vor den Ball getreten haben. Seine Meisterleistungen waren allerdings die Sterbeszenen im Strafraum. Koslowski brauchte nur vom Gegner leicht gefoult zu werden, schon segelte der Schwatte hoch durch den Strafraum und wand sich auf dem Boden, und viele Schiedsrichter verhängten einen Elfmeter. Leider wurde diese Begabung unter den Schiedsrichtern so bekannt, daß es später, bei dem Endrundenspiel in Nürn-

Manfred Kreuz, Finanzbeamter aus Buer, besaß den kraftvollsten Torschuß aller Schalker Spieler. Wenn er richtig traf, war kein Torwart in der Lage, den Ball zu halten. Foto: Archiv WAZ

berg, keinen Elfmeter gab, als der Schwatte im Strafraum wirklich und sehr hart gefoult wurde. Es war eben die Geschichte von dem Hütejungen und dem Wolf.

Halbrechts spielte in jenem Endspiel gegen Hamburg der schlanke, wieselflinke Kördel. Mittelstürmer war Siebert, halblinks der Steuerbeamte Manfred Kreuz, der Mann mit der gewaltigsten Schußkraft der gesamten Oberliga. Wenn er schoß, so sah es aus, als wenn er einen Walfisch harpunieren wollte, nur der liebe Kreuz konnte nicht immer garantieren, wohin seine Harpune flog.

Linksaußen spielte Berni Klodt. Es war, als wenn eine Verbindung geschaffen worden wäre zwischen den Begründern des Schalker Ruhms und ihren Söhnen. Berni, obwohl bei weitem nicht mehr der jüngste, stand auf der Höhe seines Könnens. Er organisierte den Angriff, brachte wie in alten Zeiten immer wieder die Spielidee in den Sturm, er warf die Hamburger Abwehr völlig durcheinander, obwohl hier mit Posipal ein Mann der deutschen Weltmeisterschaftself aus Bern stand. Und er schoß selbst die Tore: zwei bis zur Halbzeit. Kreuz ließ später ein drittes folgen, und so war der Hamburger SV, der als Favorit in dieses Spiel gegangen war, 3 : 0 geschlagen, empfindlicher geschlagen als es eigentlich das Ergebnis besagt.

Dieser Sieg im deutschen Endspiel 1958 war in Gelsenkirchen von ungeheurer Bedeutung. Der kleine Mann auf der Straße hatte seine Bestätigung: Es lohnte sich noch, an Schalke zu glauben. Wie ein Phönix aus der Asche würde die alte Mannschaft wieder auferstehen, wenn es eben an der Zeit war. Die richtigen Nachfolger von Szepan und Kuzorra, die richtige Einstellung auf den zeitgemäßen Fußball, und alle die vielen gequälten Kumpelherzen konnten wieder in Seligkeit schwelgen. Wir brauchen nur zu wollen, dann sind wir allen diesen Dickbälgen aus Ost und West, aus Nord und Süd himmelhoch überlegen.

Berni Klodt im Endspiel 1959 gegen den Hamburger SV in Hannover. Hier umspielt er fast tänzelnd den bulligen HSV-Stopper Posipal
Foto: Horst Müller

Gut und schön — jedenfalls war Schalke 04 zum siebtenmal Deutscher Fußballmeister und hatte damit den stolzen Rekord des 1. FC Nürnberg eingeholt. Dieser Titel war mittlerweile ganz besonders lukrativ geworden. Irgendeine geschickte Hand hatte bei der Europäischen Fußball-Union die sogenannten Europa-Pokalspiele eingeführt, ein

Zum siebtenmal deutscher Fußballmeister. Berni Klodt hält den Silberteller hoch, den Ersatz für die alte Victoria, die während des Krieges in Dresden verlorenging. Von links sieht man: Kördel, Kreuz, Koslowski, Laszig, Klodt, Trainer Frühwirt, Siebert, Karnhog, Borutta, Sadlowski, Orzessek und Brocker. Foto: Archiv Mittag

Turnier der Fußballmeister aller europäischen Länder, die der UEFA angeschlossen waren. Ein Vergleich der besten europäischen Vereinsmannschaften in Hin- und Rückspiel war natürlich besonders reizvoll. Ein Pokal der Pokalsieger der einzelnen Länder folgte, und diese Spiele haben sich mittlerweile zu ausgesprochenen Kassen-

Der Schalker Fußballruhm alter Zeiten schien wieder zu erstehen, als die Schalker Mannschaft als Deutscher Meister 1959 im neugegründeten Fifa-Pokal den englischen Meister Wolverhampton Wanderers ausschaltete. Hier begrüßt Berni Klodt im Rückspiel in Schalke den berühmten Kapitän der Wolverhampton Wanderers Billy Wright.

Foto: Archiv Schirner

schlagern entwickelt. Dauerpächter des Pokals der Landesmeister war in den ersten Jahren Real Madrid.

Schalke erlebt jetzt nach der Meisterschaft seine bis dato letzte große Zeit. Denn im Europa-Pokal mischt man tapfer mit, man verliert zwar in Kopenhagen 0:3 gegen den Meister Dänemarks, gewinnt aber das Rückspiel zu Hause 5:2, so daß ein Entscheidungsspiel fällig ist, welches Schalke in Enschede in Holland 4:1 gewinnt. Aber dann gelingt es den Königsblauen, den englischen Meister Wolverhampton Wanderers auszuschalten, in London mit 2:2 und zu Hause mit 2:1. Aber gegen Athletico Madrid ist Schluß mit dem Europa-Pokal. In Madrid verliert die Elf 0:3. Da nützte das 1:1 in Schalke gar nichts mehr.

Alles für Schalke

Als Vorsitzender von Schalke 04 löst der Gelsenkirchener Stadtkämmerer Dr. Hans-Georg König Rechtsanwalt Möritz ab. Inzwischen pfiffen nämlich die Spatzen von den Dächern, daß der Schalker Vorstand kaum noch unter einen Hut zu bringen sei. Die Differenzen wurden immer heftiger, und weiterhin pfiffen die Spatzen von den Dächern, daß der Schalker Schatzmeister wegen der Schalker Schulden und Verpflichtungen kaum noch schlafen kann. Rechtsanwalt Möritz schied freiwillig aus dem Leben. De mortuis nil nisi bene — während der Kassierer Willi Nier rund 30 Jahre zuvor Selbstmord beging, weil er die Schalker Verfemung nicht verwinden konnte, muß Möritz wahrscheinlich andere Motive gehabt haben, die aber nur zum Teil mit Schalke zusammenhingen.

Dieser Dr. Hans-Georg König ist wohl der Vorsitzende, der Schalke 04 den Übergang aus der ruhmreichen Vergangenheit in eine Zukunft gerettet hat, die für den Verein noch alle Möglichkeiten in sich schloß. Er kam in einer schweren Krisenzeit. Der ganze deutsche Fußball war durcheinander, alle Maßstäbe verändert. Durch den Fußball-Toto schwammen die Verbände im Geld, sie bauten sich überall aufwendige und zum Teil luxuriöse Verbandsheime. Allerdings machte ihnen später das Lotto so entscheidende Konkurrenz, daß man sehr schnell auf den Boden der Tatsachen zurückkommen mußte. Die Vereine hingegen wußten kaum, wie sie über die Runden kommen sollten. Denn immer größer wurden die Ansprüche der Spieler. Der Schwarzmarkt blühte, gegebene sogenannte Ehrenwörter wurden durch bessere Angebote nicht gehalten. Im Lande kamen die Spielervermittler auf, zum Teil regelrechte »Menschenhändler«, die bei der schmutzigen Konkurrenz der Vereine untereinander ihre guten Geschäfte machten.

Die papierenen Vorschriften des DFB nützten nichts, gar nichts. Die schwerste Gefahr drohte aus dem Ausland, vor allem aus Italien, wo die großen Clubs für die deutschen Spitzenspieler — vor allem dann, wenn sie blond waren — Summen bezahlten, die in Deutschland einfach nicht möglich waren.

Und es kam noch etwas hinzu: Es drohte die Bundesliga! Wie das in Deutschland so üblich ist, wurde zunächst einmal jahrelang darüber diskutiert, das heißt, es gab weniger Diskussionen, dafür um so mehr Zänkereien. Mit der Bundesliga mußte, darüber war man sich klar, der Berufsfußball eingeführt werden. Die Spieler wurden so stark beansprucht, daß man ihnen nicht mehr zumuten konnte, außer dem Fußball einen »zivilen« Beruf auszuüben.

Das Gezänk ging in erster Linie um das Geld, die Gehälter der Vertragsspieler, die Ablösesummen, die Handgelder. Man wollte von vornherein überhöhten Summen einen Riegel vorschieben. Dann aber auch wollte der DFB den Berufsfußball, »seinen« Berufsfußball unter seinem Hut haben, um die Verhältnisse mit den Amateuren abzugleichen.

Dr. Hans-Georg König stieß also zu einer Zeit zu Schalke, als es im Fußball drunter und drüber ging und Vernunft Mangelware war. Anstatt den bedeutenden Vereinen, die allein Träger des Profifußballs und der Bundesliga sein konnten, die finanzielle Sorge um ihre Existenz mit Fug und Recht auch allein zu überlassen, mischte jeder kleine Verbandsvertreter in der großen Schüssel mit.

Nun ist dieser Dr. König ein begabter Mann, intelligent und einsichtig. Außerdem war er selbst alter aktiver Sportler, guter und begeisterter Fußball- und Handballspieler und zu seiner Zeit ein Leichtathlet mit Zukunft (der 17jährige lief die 100 m in 11,0 Sek.). Als dem Oberleutnant der Fallschirmtruppe bei der Ardennenoffensive ein Unterschenkel abgerissen wurde, waren diese Träume aus — nicht allerdings seine Überzeugung, daß die Jugend Sport treiben muß, um sich körperlich entwickeln zu können und überhaupt gesund und leistungsfähig ins Leben zu gehen.

Dr. König stammt aus dem Bochumer Norden. Bei seiner Wahl zum Vorsitzenden von Schalke gab es Schwierigkeiten, da er selbst gar nicht anwesend war. Man hatte ihn durch eine Panne nicht benachrichtigt. Aber Ernst Kuzorra und Fritz Szepan setzten sich so nachdrücklich — anscheinend wußten sie, was auf dem Spiel stand — für den Kandidaten ein, daß er schließlich mit überwältigender Mehrheit gewählt wurde.

Dr. König war sich von vornherein über seine Aufgaben klar. Wenn er die Jugend an den Sport heranführen wollte, so mußte er ihr einen Anziehungspunkt geben. Das konnte in puncto Schalke nur eine erstklassige, »siegende« Mannschaft sein. Er mußte also, ganz gleichgültig, wie die Verhältnisse lagen, dafür sorgen, daß sein Verein nach wie vor im Kreise der Großen und vor allem in der kommenden Bundesliga seinem berühmten Namen treubleiben konnte.

Nun war allerdings Dr. König nicht nur Vorsitzender von Schalke 04, sondern auch Kämmerer der Stadt Gelsenkirchen und ein tüchtiger, moderner Kommunalbeamter. Auch aus diesem Grunde mußte er dafür sorgen, daß Schalke 04 der Stadt in vorzüglicher Verfassung erhalten blieb. Die Zeiten, in denen die Königsblauen unter Szepan und Kuzorra dem kleinen Mann durch die Erfolge der Mannschaft eine Art ideeller sozialer Befreiung von den Alltagssorgen gab, waren zwar verschwunden. Die gemeinsame Überwindung der Nazizeit, des Krieges und der Kriegsfolgen hatten dem

Wirtschaftswunder Platz gemacht. Hunger und Not waren überstanden — aber Schalke war schließlich ein Gelsenkirchener Monument geworden. München hatte sein Hofbräuhaus, Düsseldorf seine Kö, Köln, na ja, den Kölner Dom, entsprechend hatte Gelsenkirchen sein Schalke, seine Fremdenattraktion: »Hier, meine Damen und Herren, sehen Sie den Rasen der berühmten Glückauf-Kampfbahn! Hier ist der Schweiß von Kuzorra, Szepan, Tibulski, Urban, Gellesch und Berni Klodt geflossen! Der Platzwart verkauft in Plastik eingeschlossene Grashalme, Stück für Stück eine Mark! Greifen Sie zu, meine Herrschaften — Sie stehen im Zentrum eines der größten Wunder der deutschen Sportgeschichte, sie stehen in der Arena der Königsblauen.«

Schalke 04 mußte also, koste es was es wolle, mit seiner Tradition als Basis kommender Leistungen erhalten bleiben. Im Augenblick war aber die Mannschaft wieder einmal im Umbau. Eppenhoff, Zwickhofer, Matzkowski, das Rückgrat der Elf in den ersten Nachkriegsjahren, waren schon lange abgetreten, bei dem neuen Meister von 1958 konnte auch nicht alles beim alten bleiben. Berni Klodt, weit über dreißig, wollte und konnte nicht mehr. Er hatte inzwischen eine Wirtschaft am Schalker Markt übernommen, die für die Spieler und die alten Schalker Anhänger ein Ersatz für »Mutter Thiemeyer«

Empfang beim DFB-Präsidenten Dr. Peco Bauwens, Berni Klodt mit seiner hübschen Frau. Annette Klostermann hatte keine Ahnung, wer der schüchterne junge Mann war, der sich da um sie bemühte. Erst ihre Brüder klärten sie auf. Der Fußballruhm ihres Kavaliers hat sie überhaupt nicht beeinflußt, ihm ihr Ja-Wort zu geben. »Er war so lieb.«
Foto: Archiv WAZ

wurde. Er führte diese Wirtschaft zunächst mit seinen Eltern, dann aber mit seiner ebenso hübschen wie tüchtigen Frau Annette. Sollte das Geschäft laufen, dann blieb für den aktiven Fußball wenig Zeit.

Wenn die anstehenden Aufgaben gelöst werden sollten, dann mußte Dr. König im trüben Teich des deutschen Fußballs rücksichtslos mitfischen. Und er fischte mit, denn soviel Charme Dr. König auch besaß, er zeigte sich dem harten Fußballgeschäft durchaus gewachsen. Zunächst war da in der Nachbarstadt Wattenscheid, im unmittelbar an Gelsenkirchen grenzenden Vorort Günnigfeld, ein Amateur-Nationalspieler namens Willy Schulz aufgetaucht. Dr. König erfuhr, daß der Trainer der Borussia Dortmund, Max Merkel, oft genug in der elterlichen Kneipe von Willy Schulz auftauchte. Also bot er 25 000 Mark, 5000 mehr als die Borussia, und Willy Schulz vertauschte Schwarz-Gelb mit Blau-Weiß. Daß aus diesem schlaksigen, leicht o-beinigen Kicker später »Worldcup-Willy« wurde, das wußte damals noch keiner. Der schlanke, drahtige Verteidiger erwies sich auch später im Privatleben als genauso überlegen und geschickt wie er auf dem Fußballplatz war.

Der zweite Streich ging um den Karlsruher Herrmann, ein ausgezeichneter Sturmführer, ein Reißertyp mit großer Übersicht. Da er aber für die gestattete Ablösesumme von 50 000 Mark nicht zu bekommen war, ging man einen ganz neuen Weg. In Schalke erfand man das Kopplungsgeschäft: Man bezahlte für zwei Stürmer und wollte nur einen. Mit Herrmann übernahm man den Durchschnittsspieler Lambert und bezahlte für beide hunderttausend Mark. Wie die Summe aufzuteilen war, nun, das war Sache der Karlsruher. Dieser Coup löste natürlich einen ungeheuren Wirbel aus, da er zwar nicht gegen die Buchstaben der Statuten verstieß, aber dennoch als eine glatte Schiebung angesehen wurde. Der DFB bestrafte später auch Schalke mit einem Abzug von vier Punkten, war aber gezwungen, die Strafe in der Berufung wieder zurückzunehmen.

Genauso viel Wirbel gab es um den Aschaffenburger Stopper Horst, um den sich auch viele andere Vereine bemühten. Als er endlich bei Schalke unterschrieben hatte, versteckte man ihn, bis der Termin der Ablösemöglichkeiten verstrichen war. Schalke mimte natürlich den Unschuldigen.

Außerdem trennte man sich von dem Wiener Frühwirth. Sicher hatte er viel für die Mannschaft getan, aber auch Trainer verschleißen sich. Man versprach sich nach einigen Übergangslösungen viel von dem Herberger-Assistenten Georg Gawliczek, schon deswegen, weil er kurz nach dem Krieg einige Zeit bei Schalke gespielt hatte und man annahm, daß Gawliczek als Kind des Ruhrgebiets besonders gut für die Mentalität der Schalker Spieler geeignet sei. Nun war für den Eingeweihten »Herberger-Assistent« keine Empfehlung. Der »Chef« duldete — vielleicht hatte er recht, denn er brauchte Respekt bei seinen Nationalspielern — keine anderen Götter neben sich.

Seine Assistenten mußten sich dafür hergeben, bei Filmvorführungen Stühle für die Nationalspieler heranzuschaffen oder die Dresse auszugeben.

Georg Gawliczek war also nicht die Persönlichkeit, die man erwartete und brauchte. Er blieb nach wie vor mehr Spieler als Trainer, ein guter Kamerad den Spielern und ein zugänglicher Mann, der lebte und leben ließ. Er verstand natürlich eine ganze Menge vom Fußball, aber seine Leidenschaft für den Pferdesport teilte seine sportlichen Interessen.

Zudem kam er mit einer Devise an den Schalker Markt, die hier ungewöhnlich war: Die Abwehr stark machen. Bislang hatte Schalke immer von seinen Stürmern gelebt. Man hatte zwar die Abwehr nie vernachlässigt, aber daß der Angriff die beste Verteidigung ist, das hatte man stets bewiesen und dies war auch der Grund für die einmalige Popularität der Mannschaft.

Wie dem auch sei, der neue Vorsitzende Dr. König war zwar gezwungen, in der Vereinsverwaltung zu sparen, aber trotz aller Widrigkeiten mußte die Mannschaft intakt bleiben. Hätte er hier den Hebel angesetzt, die Bevölkerung hätte ihm das Rathaus gestürmt und noch ausreichend Hilfstruppen aus Gladbeck, Bottrop, Herne, Wattenscheid, ja aus Bochum, Recklinghausen, Essen und Dortmund herangeführt.

Äußerlich war ja auch alles in Ordnung, denn es beginnt jetzt, wenn man eine Historie von Schalke 04 schreiben will, das bis zu dem augenblicklichen Zeitpunkt letzte und schwierigste Kapitel: Die Bemühungen und Versuche, der Mannschaft die Grundlage zu erhalten, aus der sie wieder eines Tages den Gipfel stürmen konnte. Mit Schalker Nachwuchs allein war das in jenem Zeitpunkt nicht zu schaffen, obwohl er immer noch die Basis der Elf war. Nach der deutschen Meisterschaft 1958 belegte man in der Oberliga nur einen guten Mittelplatz, die Belastungen aus dem Europa-Pokal waren zu schwer. In der nächsten Saison kam man wenigstens als zweiter in die Vorrunden der Deutschen Meisterschaft, ohne hier viel zu erreichen. Das war im Augenblick auch alles Nebensache, denn inzwischen hatte die Einführung der Bundesliga feste Formen angenommen. Man mußte dafür sorgen, daß man in der Oberliga einen guten Platz fand, um sicher in der Bundesliga zu landen.

Die Mannschaft hatte man weiter verstärkt oder glaubte es getan zu haben. Aus Berlin kam der Nationalrechtsaußen der DDR, der Oberleutnant der Volksarmee Assmy, aus Köln der Stürmer Matischak. Und aus der eigenen Jugend tauchte ein kleines Kerlchen auf, Reinhard Libuda, ein Dribbelkönig von besonderen Ausmaßen. Er erhielt später den Spitznamen »Stan«, da man ihn mit Englands größtem Außenstürmer, Stanley Matthews, verglich. Matthews — so etwas ist in England möglich — wurde später geadelt und mit »Sir Stanley« angeredet.

Das letzte Jahr der Oberliga fand Schalke 04 an sechster Stelle der Tabelle. Nach jahrelangem Streiten beschloß der Bundestag des DFB in Dortmund schließlich die Einführung der Bundesliga. Der Beschluß fängt mit folgenden Worten an: »Vom 1. August 1963 wird eine zentrale Spielklasse auf der Basis des Lizenzspielers unter Leitung des Deutschen Fußballbundes eingeführt.« Praktisch änderte sich nichts, gar nichts, obwohl die Ablösesummen verdoppelt und die gestatteten Bezüge für die Spieler höher wurden. Außer den Prämien für Sieg oder Unentschieden sollte ein Lizenzspieler nicht mehr verdienen als zweitausend Mark. Auch die Handgelder wurden beschränkt, aber das stand alles nur auf dem Papier. Der Verein, der sich um eine Bundesligalizenz bewarb, mußte ein Stadion mit einem Fassungsvermögen von 35 000 Zuschauern nachweisen, Flutlichtanlage, einen Umsatz von mindestens 300 000 Mark im Jahr haben und ein Betriebsvermögen von 200 000 Mark, welches allerdings auch durch eine Bankbürgschaft garantiert sein konnte.

Über vierzig Bewerbungen lagen beim DFB vor, als man daran ging, die Lizenzen zu vergeben. Es wurde ein vernünftiger Schlüssel gefunden. Man wertete alle Erfolge und Tabellenplätze der letzten 13 Jahre, um zu erreichen, daß die bekanntesten Klubs in die Bundesliga kommen. Ohne diesen Schlüssel hätten sowohl Schalke 04 wie auch der 1. FC Nürnberg Schwierigkeiten gehabt, die Bundesliga zu erreichen, aber eine Bundesliga ohne die beiden berühmtesten Fußballvereine war natürlich sinnlos. Der Süden und der Westen stellten jeder

Hunderttausende haben ihm zugejubelt, Hunderttausende auf ihn geschimpft – Reinhard Libuda, Schalkes Rechtsaußen. Er bekam nach dem Engländer Stan Matthews den Spitznamen »Stan«. Wenn er wollte, konnte er wie der englische Nationalspieler Matthews dribbeln. Für 500 000 DM – gerade rechtzeitig – gab Schalke ihn an Straßburg ab. Foto: Helene Müller

fünf Vereine, der Norden drei und der Südwesten zwei, dazu kam ein Vertreter Berlins.

Die Form stand, und für die Spielzeit 1963/64 sollte also die Bundesliga den ganzen Fußball umkrempeln. Natürlich überwand die Spannung auf die neue Spielzeit, die immerhin attraktive Paarungen versprach, alle Bedenken. In diese erste Saison wurden berufen: Aus dem Westen Schalke 04, Borussia Dortmund, der Meidericher SV (ein tüchtiger Vorortverein wie Schalke, der sich später in MSV Duisburg umtaufte), der FC Köln und Preußen Münster, aus dem Süden FC Nürnberg, Karlsruhe, Eintracht Frankfurt, der VfB Stuttgart, München 60, aus dem Norden der Hamburger SV, Werder Bremen und Eintracht Braunschweig, aus dem Südwesten der FC Kaiserslautern und der FC Saarbrücken, aus Berlin kam dazu Hertha BSC.

Diese Vorbereitungszeit auf die Bundesliga hatte es in sich. Zunächst einmal waren der Kölner Schnellinger und der Dortmunder Schütz — beide hellblond und ausgezeichnete Fußballspieler — für sagenhafte Gehälter nach Italien gegangen, so daß die »Preise« der Zurückgebliebenen durch solche Angebote natürlich noch stärker in die Höhe gingen. Am Schalker Markt war man gehörig in der Klemme, die Finanzlage war immer bedenklicher geworden. Für Matischak, Horst, Herrmann und Lambert mußte man 200 000 Mark aufbringen, und mit einem Freundschaftsspiel gegen den brasilianischen Meister FC Santos, welches in Essen auf der Platzanlage von Rot-Weiß ausgetragen wurde und mit dem man viel Geld verdienen wollte, fiel man so jämmerlich rein, daß 70 000 Mark in den Schornstein geschrieben werden konnten.

Das war aber nicht so schlimm wie die Anfeindungen und ewigen Streitigkeiten im Vorstand. Alles, was nicht richtig an den Drücker kam, machte Schwierigkeiten. Es bildete sich in erster Linie eine Front gegen Dr. König; und da man dem Kämmerer sachlich nicht beikommen konnte, griff man zu der niederträchtigsten Intrige, die man sich vorstellen kann. Anstatt in diesen schweren Zeiten wie Pech und Schwefel zusammenzuhalten — wie es bei der Sperre der ersten Mannschaft 1930 der Fall war —, erschien der Schalker Kassierer Nittka am 21. September 1961 bei dem Gelsenkirchener Oberstadtdirektor Hülsmann und erklärte, daß Schalke 04 laufend Steuergelder unterschlagen habe und auch sonst nicht seinen öffentlichen Verpflichtungen nachgekommen sei. Alle Vergehen seien durch Dr. König gedeckt worden. Obwohl Nittka am nächsten Tag seine Behauptungen schriftlich zurücknahm, blieb dem Oberstadtdirektor Hülsmann gar nichts anderes übrig, als den Fall der Essener Staatsanwaltschaft zu übergeben. Dr. König wurde von seinem Dienst suspendiert und seine Bezüge auf 70 % reduziert.

Das anschließende Verfahren schlug wie eine Bombe ein. Die Denunzianten wußten genau, daß Dr. König, um Schalke wieder auf normale Bahnen zu bringen, Kopf und

Kragen riskiert hatte. Im übrigen Fußball-Deutschland bekam man etwas kalte Füße, da alle anderen Vereine ihre Schwarzen Kassen genauso aufgefüllt hatten wie Schalke — nicht abgerechnete Eintrittskarten, übertünchte Ausgaben, falsche Belege und damit Steuerhinterziehung. Was anderes blieb den Vereinen ja gar nicht übrig, wenn sie existieren wollten. Weiterhin staunte man aber, daß beim berühmten siebenfachen Deutschen Meister eine solche Niedertracht innerhalb des Vorstandes möglich war und vor allem wunderte man sich, wie Vorstandsmitglieder so dumm sein konnten, die Schwarze Kasse der Staatsanwaltschaft zu präsentieren.

Dieser Prozeß überschattete intern den Einzug Schalkes in die Bundesliga. Es dauerte allerdings über zwei Jahre, bis die Verhandlung in Essen stattfand. Die An-

Mit verbissenem Mund: Dr. König zwischen den Verteidigern beim Prozeß in Essen. Foto: Archiv Mittag

klage warf sechs Vorstandsmitgliedern von Schalke und dem städtischen Steueramtsleiter Wiescherhoff, der überhaupt noch kein Fußballspiel gesehen hatte, Steuerhinterziehung, Betrug, Urkundenfälschung und Untreue im Amt vor, fürwahr eine respektable Liste, bescheinigte aber ausdrücklich allen Angeklagten, daß nicht einer von ihnen auch nur einen Pfennig für sich veruntreut habe. Alles war geschehen, um ihrem Verein Schalke 04 zu helfen. Dr. König wurde zu einer Geldstrafe von 3400 Mark verurteilt, der erste Kassierer Asbeck zu 2000 Mark und der zweite Kassierer Nittka, der den Stein ins Rollen gebracht hatte, zu 200 Mark.

Der Prozeß hatte ein Gutes: Die Verhältnisse im Vorstand wurden geklärt, da Nittka ausgesagt hatte, zu der Denunziation erpreßt worden zu sein. Der Spielobmann Stutte habe sich über Dr. König geärgert, weil er seinem Schwiegersohn Otto Laszig keinen neuen Spielervertrag gegeben habe. Der damalige Landtagsabgeordnete Rübenstrunk wäre selbst zu gern Vorsitzender von Schalke geworden, weil er damit im Landtag besonderes Gewicht bekommen hätte, und der Vereinsarzt Dr. Weiler schäumte, weil Dr. König seine finanziellen Bezüge kürzen wollte. Und Nittka selbst wollte sich rächen, weil ihm als erstem Schatzmeister Hans Asbeck vor die Nase gesetzt worden sei.

Dr. König konnte geltend machen, daß er über viele Manipulationen nicht orientiert worden sei. Was auch stimmte. Er legte nach dem Urteil sofort seinen Vorsitz bei Schalke nieder, wurde aber später wiedergewählt. Asbeck war wohl einer der sympathischsten Männer im Schalker Vorstand, gewandt, liebenswürdig und gescheit. Als Kaufmann zunächst erfolgreich, verkalkulierte er sich aber und schied später ebenfalls freiwillig aus dem Leben. Mit Schalke hat sein Tod nichts zu tun. Sein Steuerprüfer erklärte später, Asbeck habe reichlich voreilig gehandelt, denn bei einem möglichen Vergleich wäre für Asbeck immer noch so viel übriggeblieben, um gut existieren zu können.

Jedenfalls wurde überall die Frage aufgeworfen: Was muß das für ein Verein sein, für den selbst ehrenwerte Beamte ihren Ruf, ihre Zukunft und sogar ihre Existenz aufs Spiel setzen? Wer die Verhältnisse in und um Schalke nicht kannte, schüttelte den Kopf. Aber gerade an solchen Situationen erkennt man die einmalige Stellung, die Schalke 04 auch heute noch im Ruhrgebiet genießt.

Das große Zittern

Alle diese Dinge ereigneten sich, als Schalke in die Bundesliga einzog. Trainer Gawliczek trat mit einem Kader von zwanzig Spielern, die Schalke unter Lizenz hatte, an. Folgende Elf bildete die erste Garnitur: Horst Mühlmann (aus Brambauer), Hans Nowak (von Eintracht Gelsenkirchen, bis dahin neunmal Nationalmannschaft), Friedel Rausch (aus Meiderich), Willy Schulz (aus Günnigfeld, 15 Länderspiele), Egon Horst (aus Aschaffenburg), Manfred Kreuz (aus Buer, als Steuerbeamter brauchte er eine Sondergenehmigung zum Abschluß eines Lizenzvertrages), Willi Koslowski (Schalker Eigengewächs, bei der Fußball-Weltmeisterschaft in Chile Nationalspieler), Günter Herrmann (aus Karlsruhe, siebenmal Nationalmannschaft), Klaus Matischak (stammt aus Bottrop, kam aus Köln), Waldemar Gerhardt (Schalker Eigengewächs), Reinhard Libuda (Schalker Eigengewächs). Das war schon eine starke Mannschaft, und in den ersten Spielen der Bundesliga ging auch alles gut. Man schlug sogar den 1. FC Nürnberg auf dessen Platz. Aber später kam eine Reihe von Niederlagen, und bei der Endabrechnung landete Schalke auf Platz acht. Meister der ersten Bundesligasaison wurde der 1. FC Köln. Aber die Elf war noch lange nicht in sich geschlossen, und wie das immer so geht, alle Schuld auf den Trainer! Gawliczek hatte sowieso in den damaligen Schalker Vorstandsintrigen einen schweren Stand. Ernst Kuzorra als Spielobmann funkte oft genug in die Mannschaftsaufstellungen und Traineranweisungen dazwischen, es gab Krach mit den Spielern, und außerdem rückte das nächste Skandälchen an.

Dr. Hubert Claessen, Rechtsanwalt aus Bonn und Vorsitzender des DFB-Kontrollausschusses, von jeher kein großer Schalke-Anhänger, wollte festgestellt haben, daß Schalke bei dem Aufnahmeantrag zur Bundesliga gemogelt habe, indem es 250 000 Mark Schulden verschwieg. Das verlangte Vermögen sei nicht vorhanden gewesen. Immerhin konnte dieser Vorwurf entkräftet werden, er trug aber nicht dazu bei, Ruhe in die Mannschaft zu bringen.

Unter den Neuerwerbungen waren ein paar besonders Unzufriedene, in erster Linie der Karlsruher Herrmann, der immer wieder behauptete, der Verein wäre seinen Verpflichtungen nicht nachgekommen. Er wurde ausgesprochen obstinat und kümmerte sich mehr um sein Espresso-Café in Moers als um das Training.

Es kam das schlimme Jahr 1964/65. Mit ihm der Trainer Langner. Dieser stand auf dem

Sie wanderten ab, als es um Schalke schlecht stand, von links: Willi Schulz, Koslowski, der »Schwatte«, und Nowak. Foto: Archiv WAZ

Standpunkt, daß man Berufsspieler — wie in Italien — ordentlich an die Kandare kriegen muß, damit sie für ihr vieles Geld auch etwas leisten. Der Standpunkt war natürlich richtig, aber Langner konnte sich damit nicht durchsetzen. Und so stand Schalke am Schluß des zweiten Bundesliga-Jahres an letzter Stelle der Tabelle und sollte zusammen mit Karlsruhe absteigen.

In Schalke herrschte der Trübsinn, zum Teil auch die Wut gegen die Spieler, die es so weit hatten kommen lassen. Die Kanonen kündigten allesamt, und es ging das Gerücht um, viele Spieler hätten bewußt auf Abstieg gespielt, weil auf diese Weise ihre Verträge gelöst würden, da sie schon längst bessere mit anderen Vereinen in der Tasche hätten.

Ob das stimmt, man weiß es nicht. Willy Schulz ging unter sagenhaft guten Bedingungen nach Hamburg. Als dies bekannt wurde, setzten sich ostentativ einige Schalker Anhänger auf Stühlen vor seine Kneipe in Günnigfeld und tranken das Bier, das sie sich genauso ostentativ in einer gegenüber liegenden Trinkhalle gekauft hatten. Willy Schulz: »Dat wa mich egal. Die Trinkhalle gehörte mir auch.« Horst ging ebenfalls zum HSV. Nowak wechselte zu Bayern München, konnte hier aber nichts werden und verschwand von der Fußballbühne. Libuda ließ sich zu Borussia Dortmund locken, kam aber nach einigen Jahren, als Schalke anfing, sich zu erholen, zurück.

Und nun kam unter den vielen, fast traditionellen Skandalen einer, der sich zum Segen Schalkes auswertete. Hertha BSC, durch das Fassungsvermögen des Olympiastadions plötzlich einer der reichsten deutschen Vereine geworden, hatte so unverschämt hohe Summen beim Einkauf der Spieler gezahlt, daß der DFB sich verpflichtet fühlte, einzugreifen. Heute schüttelt man auch darüber den Kopf. Es gab dann einen der berühmten DFB-Eiertänze, wie man die Bundesliga durch die Hertha-Lücke in der Bundesliga wieder auffüllen konnte. Durch eine glänzende Rede des heutigen Vorsitzenden des Westdeutschen Spielverbandes, Dr. Klein, gab es auf dem Bundestag in Barsinghausen die einzig vernünftige Lösung: Die Bundesliga wird auf 18 Vereine aufgestockt, und für Hertha BSC wird die Berliner Tasmania aufgenommen, da man aus »politischen Gründen« in Berlin unbedingt einen Bundesligaverein haben wollte. Schalke und Karlsruhe steigen nicht ab.

Nun, für die Tasmania war dieses Geschenk genauso, als wenn man ein schwaches Kind auf ein wildes Roß setzt. Nach einer Saison wurde die Mannschaft abgeworfen. Aber auch Schalke stand, obwohl vor dem Abstieg gerettet, ziemlich nackt da. Die Asse waren abgewandert. Das hatte zwar einiges Geld in die Kasse gebracht, aber man mußte schleunigst versuchen, aus der Nähe ein paar brauchbare Spieler zusammenzusuchen. Auf diese Weise kamen Fichtel und der Siegener Amateur-Nationalspieler Neuser zu Schalke.

Dr. König, als Vorsitzender wiedergewählt und als Kämmerer völlig rehabilitiert — Recht oder Unrecht, es geht um Schalke —, war sich über eins im klaren: Die finanziellen Belastungen müssen endlich ausgeräumt werden. Die Stadt Gelsenkirchen entschloß sich zu einem entscheidenden Schritt: Man kaufte dem Verein das Glückauf-Stadion ab. Für 850 000 Mark. Dabei muß man wissen, daß das Gelände nach wie vor einem großen Industrie-Konzern gehört. Die Stadt erwarb also nur Tribünen, Umkleideräume und die Mauern ringsum. Es war ein wahrhaft großzügiges Angebot, und die Stadt hätte mit keinem anderen Kontrahenten ein solches Geschäft abschließen dürfen, ohne schweren Ärger zu bekommen. Mit Schalke 04 — nun, das war ja wohl selbstverständlich.

Die Stadt knüpfte eine Bedingung an diesen Kauf: Der gesamte Vorstand tritt zurück, ein neuer Vorstand sei zu wählen. Man darf annehmen, daß hinter diesem eigentlich recht anmaßenden Angebot auch Dr. König stand. Schalke brauchte drei Dinge: Ruhe, Ruhe und nochmals Ruhe. Dazu gehörte neben der Sanierung auch ein Vorstand, der wenigstens innerlich einig war. Der Vertrag wurde geschlossen, Dr. König trat mit seinem Vorstand zurück. Neuer Vorsitzender wurde Fritz Szepan. Das war wenigstens ein Mann, der jenseits von Gut und Böse stand und die große Schalker Tradition verkörperte.

Was natürlich nicht sofort gelang und auch nicht sofort gelingen konnte, das war der Wiederaufbau der Mannschaft. Praktisch mußte man wieder ganz von vorn anfangen. Es kamen die Jahre der Zitterspiele. Der ganze Bergbau hat durch die Bergschäden in Gelsenkirchen wahrscheinlich nicht so-

Günter Siebert, erst Stürmer bei Schalke, heute Vorsitzender. Er war der erste, der nach den Zitterjahren am Schalker Markt wieder davon sprach, daß Schalke wieder Meister werden muß. Bis zum Vizemeister ist er bereits gekommen. Foto: Helene Müller

viel Schaden angerichtet wie nunmehr die Spiele von Schalke, bei denen der nach wie vor starke, jetzt sogar noch stärker erscheinende Anhang von Schalke um den Klassenverbleib der Mannschaft zitterte. Den Tiefpunkt brachte der 5. Januar 1967, als Schalke in Mönchen-Gladbach 0 : 11 geschlagen wurde. Das war ein Resultat, mit welchem früher die alten Meister ihrerseits die Gegner abzufertigen pflegten.

Aber da der Glaube eben selig macht, kam es nur darauf an, den Klassenverbleib zu erhalten. Finanziell ist Schalke jetzt halbwegs gesund, man kann wieder Luft schnappen. 1967 tritt Fritz Szepan zurück, Vorsitzender wird der frühere Mittelstürmer der Meistermannschaft von 1958, Günter Siebert. Erfolgreicher Kaufmann geworden, hat er vor allem Ellbogen und bringt ein Schlagwort mit an den Schalker Markt, über das alle Welt staunt: »Schalke muß wieder Deutscher Meister werden!« Bis dahin hatte man nur auf das Jahr gewartet, in dem Schalke endgültig ausgezittert haben würde. Denn die Hoffnung darauf, daß das alte Schalke noch einmal entstehen würde, war inzwischen eigentlich nicht mehr als eine Hoffnung geworden.

Man gewinnt wieder vorzügliches Spielermaterial. Nach Neuser und Fichtel kommt Libuda zurück, dazu (von Frühwirth empfohlen) der Wiener Hasil. Wichtiger sind im Laufe der Zeit Lütkebohmert, Rüßmann, Sobieray, Scheer. Vor allem beginnt am Schalker Markt das ganz große Trainer-Hinauswerfen. Langner hatte sich natürlich nach dem katastrophalen Jahr 1965/66 nicht halten können, für ihn kam Marotzke, um hinauszufliegen. Danach der frühere Spieler Brocker. Siebert nahm keine Rücksicht

Schalke machte in blond: Rolf Rüßmann.
Foto: Archiv WAZ

Trainer Rudi Gutendorf, »Riegel-Rudi«, mit seinen besten Assen, links Claus Fichtel und rechts Reinhard Libuda.
Foto: Archiv WAZ

darauf, daß sie in der Meistermannschaft 1958 Kameraden waren, Brocker mußte gehen. Anschließend erschien Riegel-Rudi, Rudi Gutendorf. Auch er verstand sich mit Siebert nicht und schied aus.

Endlich erschien am Schalker Markt als Trainer der lange Ungar Ivica Horvat. Mit ihm kommen die Kremers-Zwillinge, von denen Erwin Kremers inzwischen der Stamm-Linksaußen der Nationalmannschaft geworden ist – und Schalke kann plötzlich wieder spielen! Es sieht wirklich so aus, als wenn es ganz steil nach oben marschiert. Am Ende der Saison 1971/72 liegt man vor dem letzten Spiel nur noch einen Punkt hinter Bayern München. Kann Schalke dieses Spiel gewinnen, so ist man wieder Deutscher Meister. Aber die Elf verliert in München 5:1. Immerhin ist man Vizemeister. Fünf Tage später steigt das Pokal-Endspiel in Hannover. Schalke siegt über den 1. FC Kaiserslautern 5:0 und ist zum zweitenmal in seiner Geschichte Pokalsieger. Am Schalker Markt kann die Anhängerschaft wieder Hosianna rufen.

Wenn nicht im April 1971 in den Schalker Kabinen ein Mann erschienen wäre, der unter der Mannschaft bare 40 000 Mark verteilt haben soll. An diesem Tag verliert die

Schalke lernt wieder siegen. Trainer Horvat zwischen den Kremers-Zwillingen.   Foto: Helene Müller

Schalker Mannschaft, damals am Ende der Saison auf einem guten Mittelplatz, ohne Abstiegsbefürchtungen und ohne Meisterschaftshoffnungen, 0:1 gegen die stark abstiegsgefährdete Mannschaft von Arminia Bielefeld. Und am Ende der Saison macht der Offenbacher Südfrüchtehändler Canellas, wütend darüber, daß seine Offenbacher Kickers wiederum absteigen sollen, ein fürchterliches Geschrei über die Schiebungen in der Bundesliga. Er muß sich dabei selbst bezichtigen und wird lebenslänglich aus dem DFB ausgeschlossen.

Aber was er ausplaudert, muß Hand und Fuß haben. Es kommt Herr Kindermann und untersucht, zwar rücksichtslos, aber ungeschickt. Natürlich ist Schalke 04 wegen des Bielefelder Spiels unter den Angeklagten. Der Fehler des Herrn Kindermann besteht darin, daß er die schmutzige Wäsche nicht auf einmal gründlich, sondern kleckerweise wäscht und daß die DFB-Urteile stark unterschiedlich sind. Den einen Spieler, der gesteht, verknackt man hart, den andern, der gesteht, läßt man laufen.

Bei Schalke wird der Fall ungemütlich. Als ersten trifft es Sobieray mit einer Vorsperre, unmittelbar vor dem Pokal-Endspiel. Und obwohl das Damoklesschwert, bestochen worden zu sein, über einer ganzen Reihe von Spielern hängt, läßt der DFB diese vorerst weiter mitmachen. Wie böse Zungen behaupten, um den Gegnern eine tüchtige Mannschaft, die Zuschauer bringt, zu präsentieren und keinen durch Sperrungen geschwächten Rumpf.

Aber die Sperren kommen, zu Anfang und während der Saison. Die Beweise des DFB sind zwar nicht immer hundertprozentig, aber daß Schalker Spieler anscheinend bestochen worden sind, das ist wohl nicht von der Hand zu weisen. Nach Sobieray folgt Fischer, nach diesem Fichtel, Lütkebohmert, Rüßmann, außerdem Wittkamp, der inzwischen zu Mönchen-Gladbach abgewandert ist. Dann Libuda und als letzter van Haaren.

Libuda, der inzwischen für 500 000 Mark zusammen mit van Haaren (für 50 000, viel zu billig) an Racing Straßburg verkauft wurde, wird lebenslänglich gesperrt. Angeblich deshalb so hart, weil er der Kapitän der bestochenen Mannschaft war. Wie weit andere Gründe für dieses überschwere Urteil vorliegen, ist nicht bekannt.

Natürlich wehrte sich Schalke. Die Spieler gehen an die ordentlichen Gerichte und an die Arbeitsgerichte und erhalten Urteile, die dem DFB höchst unangenehm sind. Die Betroffenen können verlangen, daß der Verein sie wieder einsetzt.

Der Vorsitzende Siebert, der zunächst heftig protestiert hat, wird nach einer Unterredung mit dem DFB ruhiger. Er hat den Shylock-Schein in der Hand und kann, wenn er will, dem DFB ein Pfund Fleisch aus dem Körper schneiden. Aber er darf dabei keinen Tropfen Blut vergießen, sonst hat er moralisch vor dem DFB verloren.

Wer also wirft den ersten Stein auf die Dummköpfe von jungen Spielern, die wahrscheinlich gar keine Vorstellung hatten, in welches Abenteuer sie sich einließen? Wie so oft ist die Wirklichkeit hier mal wieder nicht die Wahrheit. Dem Deutschen Fußball-Bund fehlt eben im Augenblick die Einstellung, selbst seine Berufsspieler zu fairen und integren Sportsleuten zu erziehen. Die ewige Unsicherheit, das Hickhack um alle möglichen Statuten hat ihm viel von dem Respekt genommen, den der Verband noch unter Dr. Peco Bauwens besaß. Auch in England wird für Geld gespielt, für viel Geld sogar. Aber jeder Spieler würde sich eher den kleinen Finger abbeißen, als sich bestechen zu lassen. Für eine solche niederträchtige Unsportlichkeit ist ihm — darauf ist er von Grund auf erzogen — sein Verein, sein Verband und der ganze englische Fußball zu schade. Selbst in Italien, wo man doch in puncto Geld ganz und gar nicht kleinlich ist, wäre ein solcher Vorgang undenkbar. Denn jeder Spieler weiß, daß ihn sein eigener Verein an die Hammelbeine kriegt, wenn er nicht alles einsetzt, damit seine Mannschaft gewinnt. Für Bestechungen ist unter solchen Bedingungen kein Platz.

Gott sei Dank verläuft eine Betrachtung über die seltsame Historie dieses königsblauen Wunders vom Schalker Markt im Augenblick halbwegs trostvoll. Dem Trainer Horvat gelang es, mit einer Handvoll blutjunger, unbelasteter Spieler dem Verein in den letzten Begegnungen die Zugehörigkeit zur Bundesliga zu erhalten. Man kann also ohne moralische Belastung in die Zukunft gehen.

So mag das Fazit dieses Abschnitts in der Geschichte der Schalker Berni Klodt erhalten. Als Schalkes letzter großer Stürmer hat er dazu eine Berechtigung, mit 47 Jahren bringt er noch so viel Jugend, um an Ideale zu glauben, aber auch schon so viel Weisheit, um die Dinge aus einem gewissen Abstand zu beurteilen: »Ich bin und bleibe nun einmal ein Schalker Junge, mit allen Vorzügen und allen Fehlern. Es wäre mir bitter, wenn Schalke 04 einmal zweitklassig würde. So viel Enttäuschung darf die Mannschaft den Hunderttausenden, die heute noch auf sie schwören, einfach nicht bereiten. Dies zu verhindern, muß eben alles getan werden. Im nächsten Jahr spielen wir in dem neuen Stadion, das für die Weltmeisterschaft im Berger Feld errichtet wurde. Wir haben also reichlich Platz für Zuschauer. Unsere Grundlagen sind zwar heute weiter gesteckt als früher, aber unser Rückhalt ist immer noch die Bevölkerung im Herzen des Ruhrgebietes. Wenn es uns gelingt, schlagkräftige Mannschaften aus diesem Lande zu bilden, so wäre das natürlich wunderschön. Aber ich habe auch nichts dagegen, Spieler, die zu uns passen, aus anderen Landen zu holen. Vor allem brauchen wir einen tüchtigen Mann, der sowohl als Beruf wie auch als Berufung ein

Mit Nigbur besitzt Schalke ein großartiges Torwart-Talent, das auf der Linie kaum zu schlagen ist. Hier wehrt er vor Kostedde einen Ball ab, rechts von ihm Vandenberg. Foto: Mehrens

so schwieriges Gebäude wie eine Bundesliga-Mannschaft formen und führen kann. Es ist schön, wenn die Mannschaft, an der man hängt, zu siegen versteht. Die Tradition Schalkes ist darauf begründet. Dann sind wir auch wieder ein Magnet für die Jugend, und mit der Jugend haben wir die Zukunft. Man möge es mir nicht verübeln, aber ich glaube an die Schalker Zukunft.«

Aussichten

Inzwischen hat Schalke die alte ruhmreiche Glückauf-Kampfbahn verlassen, – nicht ganz ohne Wehmut. Hier war der Ruhm gewachsen. Hier befand man sich mitten in der Schalker Symbolik, den Schächten und Schloten.

Vielleicht ist das Parkstadion das Symbol einer neuen Zeit. Es ist für die 1974 in Deutschland auszutragende Fußball-Weltmeisterschaft und als neue Heimat für Schalke 04 gebaut worden und entspricht allen modernen Erkenntnissen des Stadionbaus. Mit einem Fassungsvermögen von 70 000 Zuschauern ist es nicht zu groß für den normalen Spielbetrieb, aber groß genug für repräsentative Großveranstaltungen. Und da der moderne Fußball mit kommerziellen Überlegungen verbunden ist, macht es den Vorteil wett, den bislang die Vereine mit den Super-Stadien besaßen.

Denn eins muß man bedenken: Schalke 04 hatte 1967 ein Finanzvolumen von rund zwei Millionen Mark. 1973 waren es 5,6 Millionen, also das Dreifache. Eine Firma mit einem gleichen Umsatz ist schon ein mittleres Unternehmen, welches, um gut verwaltet zu sein, eine gediegene kaufmännische Betreuung voraussetzt. Nun ist aber ein Fußballverein, obwohl man es immer wieder beschwören wird, noch lange kein rein wirtschaftliches Unternehmen – Gott sei Dank – und es gehört zur Leitung viel, viel mehr dazu als allein die Rechnung mit Soll und Haben.

Günter Siebert, Schalkes amtierender Präsident, 42 Jahre alt, Vater von sieben Kindern, sieht diese Aufgabe klar, auch wenn man kritisch werden muß, sobald er ins Schwärmen gerät. Er kommt aus Kassel, und sein Ideal als ganz junger Fußballspieler war, die »blaue Hose« zu tragen. Siebert war, als er 1967 in Schalkes kritischster Zeit zum Präsidenten gewählt wurde, der jüngste Vorsitzende von allen Bundesliga-Vereinen. Heute ist er nach Papa Unkel auch der am längsten residierende Präsident von Schalke.

Siebert, der sich politisch als »rechtsstehender Sozialdemokrat« bezeichnet, will in einer gewandelten Gesellschaftsstruktur Schalke 04 das entsprechende Gesicht geben. Als die Kumpels vom Schalker Markt den Grundstein für den Aufstieg der Königsblauen legten, fanden sich sportlich und gesellschaftlich Gleichgesinnte zusammen. Was aus jener Zeit bemerkenswert blieb, die Kameradschaft und das eiserne Zusammenhalten, will Siebert erhalten. Er verkennt aber nicht, daß diese Ideale heute im bezahlten Fußball nicht mehr so einfach zu bewahren sind.

Dennoch will er eine Art Jungbrunnen schaffen, an welchem sowohl der Generaldirektor als auch der Mann an der Bessemer-Birne aus Liebe zu Schalke Erholung auftanken können. Daß dafür natürlich eine großartige und schlagkräftige Mannschaft Voraussetzung ist, darüber ist sich der Präsident im klaren. Und daß man eine solche Mannschaft nicht von heute auf morgen aus dem Boden stampfen kann, das weiß der alte aktive Fußballspieler erst recht.

Indessen stehen ihm eine so große Zahl von Könnern wie weiland die Kuzorra, Szepan, Urban, Gellesch, Tibulski und so weiter nicht zur Verfügung, darüber hinaus sind die anderen Vereine der Bundesliga so auf der Höhe, so clever, daß man sie nicht durch ein neues, noch so verblüffendes System, wie damals durch den Kreisel, überraschen könnte. Die Grundlagen sind gediegener. Nun ist es ja Siebert tatsächlich gelungen, Schalke aus den Sorgenjahren 1969 bis 1972 herauszubringen. Man spricht wieder mit und kämpft nicht mehr gegen den Abstieg aus der Bundesliga als dem einzigen Ziel, trotz mancher Rückschläge. »Ich bin selbst ein Beispiel dafür«, sagt Siebert, »daß früher die Spieler von sich aus zu Schalke kamen. Später mußten wir sie mühsam holen. Aber das soll wieder wie früher werden.«

Wenn durch jenen tragisch-törichten Bestechungsskandal nicht die schwere Krise gekommen wäre, hätte es Schalke erheblich leichter. Siebert hat bei dieser Affäre ohne Zweifel eine standhafte Haltung gezeigt. Von den Gerichten hatten die belangten Spieler klare Urteile in der Hand, mit welchem sie die ganze Bundesliga und den DFB in schwere Verlegenheit hätten bringen können. Nun haben aber diese Urteile interessante Vorgänger. Hertha BSC hatte in der Pokal-Vorschlußrunde 1972 den vom DFB gesperrten Ungarn Varga eingesetzt, der ebenfalls ein Arbeitsgerichtsurteil in der Tasche hatte, nach welchem er seinen Verein zwingen konnte, ihn mitspielen zu lassen. Varga spielte mit, und da DFB-Recht vor »Landesrecht« geht, erkannte der DFB das von Hertha BSC mit 3:0 gewonnene Spiel nicht an, und Schalke zog gegen Kaiserslautern ins Endspiel, um dann mit 5:0 zum zweitenmal in seiner Vereinsgeschichte den Pokal zu gewinnen. So hätte Siebert gegenüber dem DFB schon merkwürdig ausgesehen, wenn er im eigenen Falle die DFB-Urteile nicht hätte gelten lassen. Er sorgte also selbst auf die Gefahr hin, daß Schalke absteigen könnte, dafür, daß der DFB sein Gesicht behielt und die Spieler die Klagen zurückzogen. Der DFB hat diese Haltung honoriert, denn vom 1. März 1974 sind alle gesperrten Schalker wieder spielberechtigt. Der Fall ist also ausgebügelt.

Schalke kann in eine neue Zukunft gehen. Der Verein hat dafür einige Trümpfe in der Hand. Wenn Claus Fichtel wieder mitspielen darf, so ist er mit 28 Jahren der älteste Kikker der Mannschaft. Der nächstälteste ist Torwart Nigbur mit 25 Jahren, alle anderen sind zum Teil erheblich jünger, wie überhaupt Schalke zur Zeit die jüngste Mann-

Das neue Parkstadion

Luftbild: M. Frank
Freigegeben durch den Regierungspräsidenten in Münster Nr. 5152/73

schaft der ganzen Bundesliga stellt. Der Altmeister hat also ohne Zweifel eine Zukunft. Ganz besonders stolz ist Siebert auf die Jugendarbeit seines Vereins. Alle Spitzenmannschaften der Jugend A, B und C sind Westfalenmeister geworden. Wie in großen Zeiten kann Schalke wieder auf seine Jugend bauen.

Die Spitzenbesetzung der kommenden Zeiten, die auf Grund ihres jugendlichen Alters noch lange aktiv sein kann, kennzeichnet Siebert folgendermaßen: Im Tor Nigbur, als Spieler für die Viererkette und die Mittelfeldreihe Sobieray, Rüßmann, Fichtel, Huhse, Thiele, Lütkebohmert, Holz, Scheer, Helmut Kremers, als Spitzen Ehmke, Abramzcyk, Fischer, Erwin Kremers.

Nun lassen sich Aussichten für Fußballerfolge leider nicht auf dem Papier festlegen. Aber nach all den Skandalen – am meisten sollen die Spieler aus dem letzten der Bestechungsaffäre gelernt haben – sieht es nicht schlecht aus für die Schalker Zukunft. Auch der vereinsinterne Betrieb bei Schalke läuft wieder auf Hochtouren, und für das letzte Winterfest hätte man einen Saal für 10 000 Personen nötig gehabt. Und da man über einen Zuschauer-Durchschnitt von 40 000 pro Heimspiel verfügt, kann sich auch der Nervus rerum im modernen Fußball zufriedenstellend entwickeln.
»Zum achtenmal deutscher Fußballmeister? Also, ganz ausgeschlossen ist das nicht. Vielleicht so in drei bis vier Jahren«, prognostiziert Günter Siebert.